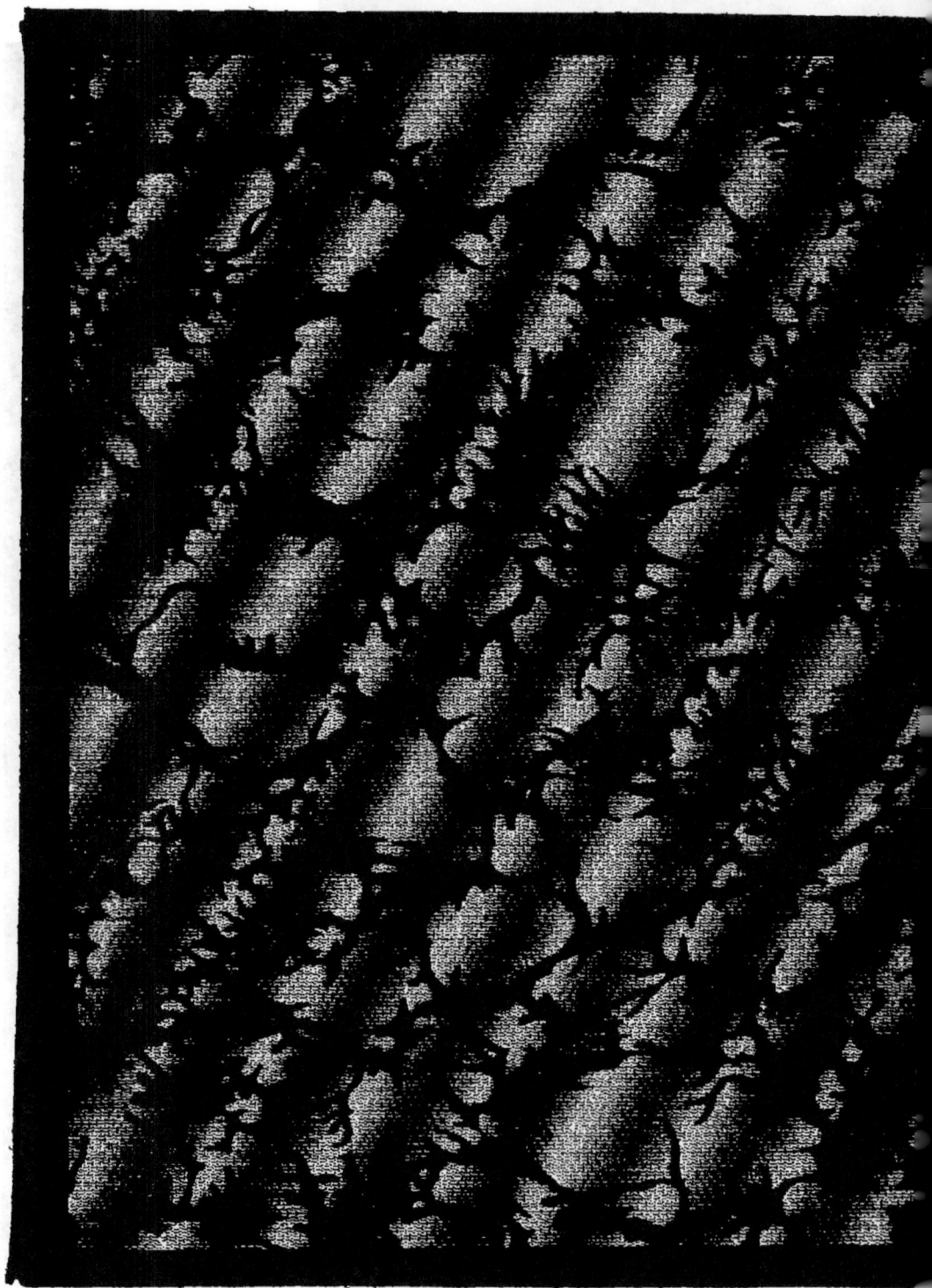

HISTORIQUE
◦ DE LA ◦
GUERRE

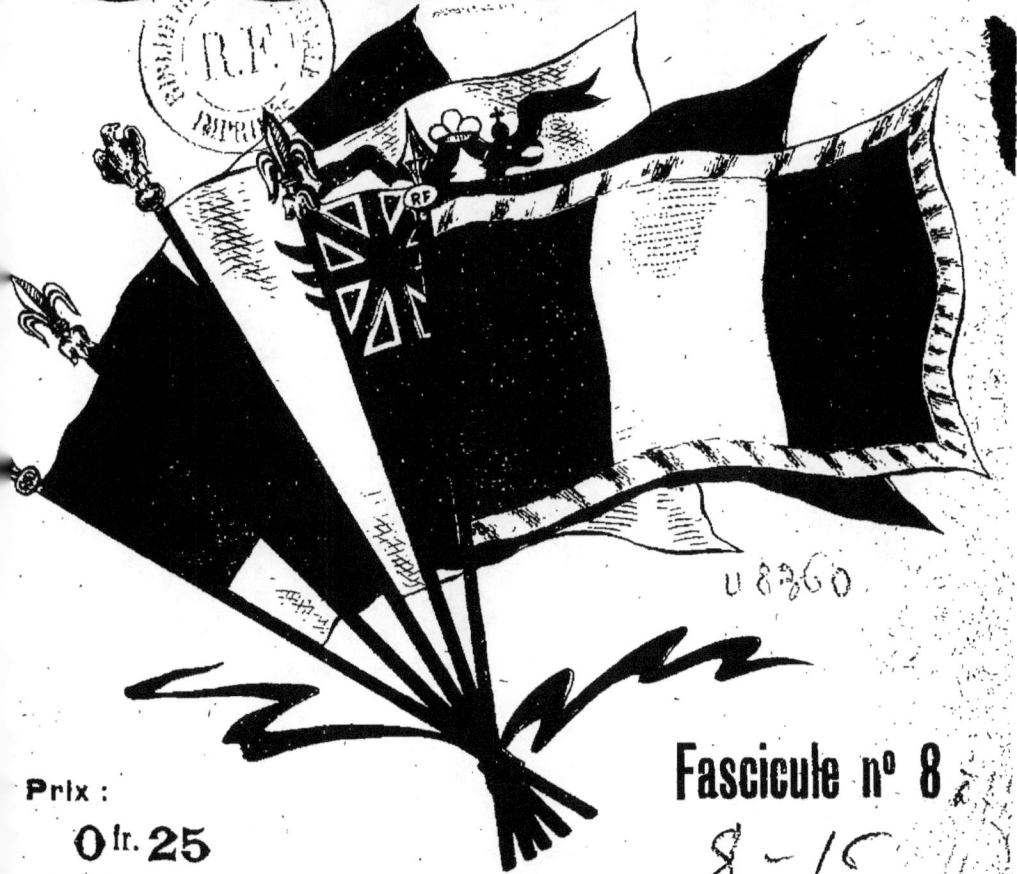

Prix :

0 fr. 25

Fascicule n° 8

PAR

Ferdinand BAUDOUIN

Ancien Officier de Réserve
paix à Ruffec, Maire de Couture-d'Argenson (2-Sèvres)
Officier de l'Instruction Publique

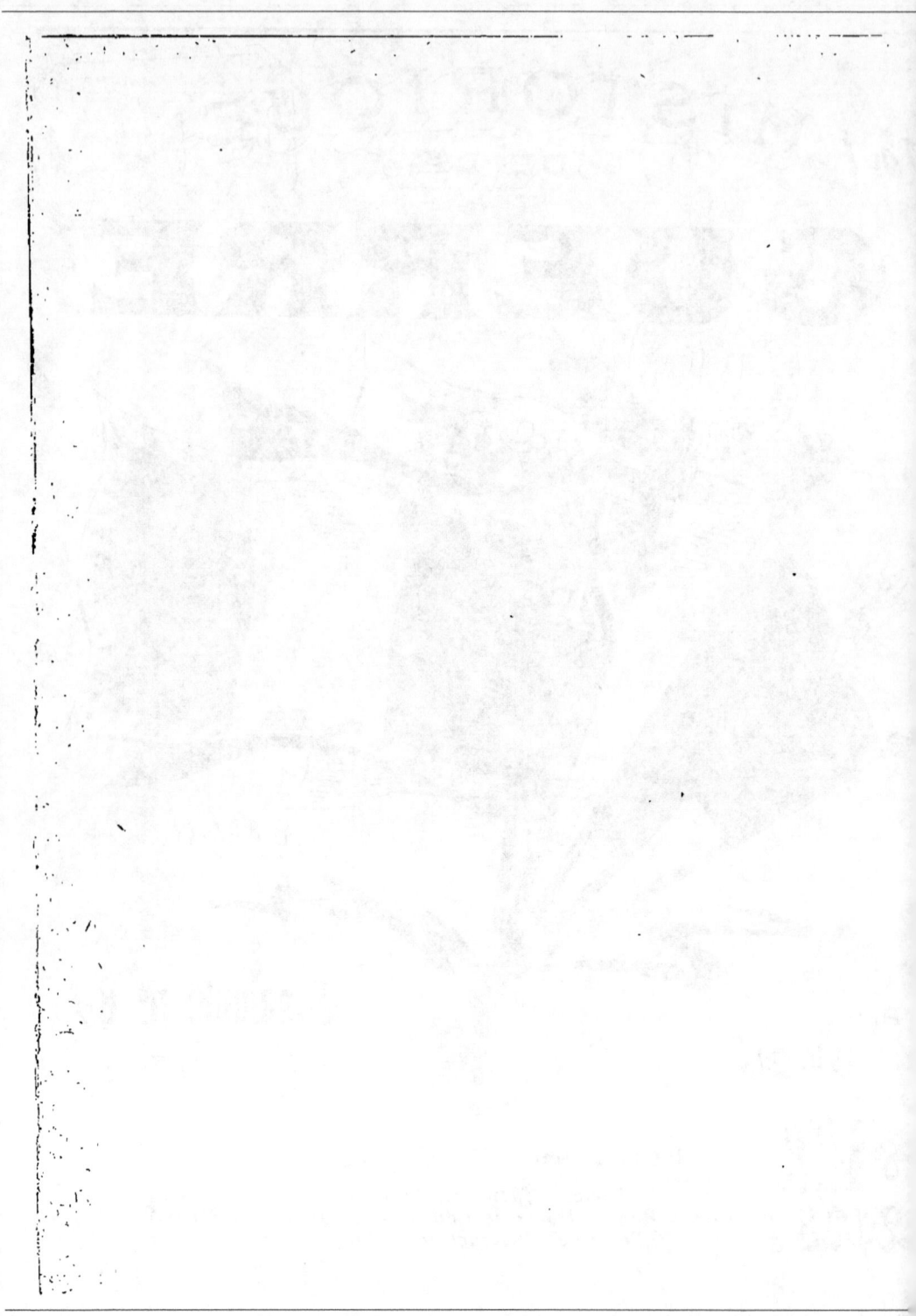

HISTORIQUE

DE

LA GUERRE

PAR

Ferdinand BAUDOUIN

Ancien Officier de réserve,
Juge de Paix à Ruffec, Maire de Couture-d'Argenson,
Officier de l'Instruction Publique.

HUITIÈME PARTIE

La cavalerie russe rejette les Allemands de Radom.
Agression des Turcs contre Odessa et Théodaria.
Reprise de Messines et de Hollebecque par les alliés.
Les Allemands sont rejetés sur la rive droite de l'Yser.
Rupture des relations diplomatiques entre la Turquie et la Russie, la France et l'Angleterre.
Violente bataille et échec des Allemands devant Ypres.
Les Allemands battent en retraite et abandonnent les rives de l'Yser.
L'escadre anglo-française commence le bombardement des forteresses des Dardanelles.
Le cuirassé allemand « Yorck » coule dans la mer du Nord.
Combat naval favorable aux Allemands sur les côtes du Chili.
A Dixmude, les fusiliers marins français repoussent une attaque allemande.
Capitulation de Tsing-Tao (colonie allemande en Chine).

NIORT
IMPRIMERIE TH. MARTIN
24, rue Saint-Symphorien

1915

HISTORIQUE DE LA GUERRE

29 OCTOBRE 1914

La cavalerie russe rejette les Allemands de Radom. — Violente agression des Turcs contre les ports russes d'Odessa et de Théodaria. — Reprise de Messines et de Hollebecque (Belgique) par les alliés. — Le prince royal de Bavière est blessé devant Ypres. — Reprise du Quesnoy-en-Santerre (Somme) par les Français.

Situation des armées sur le front occidental

— Une accalmie relative succède dans le Nord à la sanglante bataille qui s'y est livrée depuis plusieurs jours. Est-ce l'épuisement annoncé ou est-ce simplement un moment de répit que s'accordent les combattants ? C'est ce que nous saurons sous peu de jours, demain peut-être. Ce qui est indiscutablement établi, c'est l'échec de l'offensive allemande sur tout le front ; malgré de grands sacrifices en hommes et en matériel, elle n'a pu briser la résistance des alliés et si elle se dispose à engager à nouveau la lutte avec le même idéal et avec un accroissement d'effectifs, il faut espérer que le résultat nous sera encore favorable. Nous devons avoir dans la région des réserves importantes qui sont prêtes à entrer en ligne.

En Woëvre, l'armée allemande de Saint-Mihiel paraît bien aventurée et si elle ne bat pas bientôt en retraite sa situation pourrait bien devenir très critique.

Il paraîtrait que les pertes allemandes dans les derniers combats du Nord sont de 16.000 morts et 30.000 hommes hors de combat.

F. B.

Nouvelles diverses publiées par les journaux

— D'après une nouvelle de provenance espagnole, un des trois canons allemands de 420 employés dans le Nord a fait explosion. Les servants et 250 hommes qui se trouvaient à proximité furent horriblement déchiquetés. Des éclats de mitraille atteignirent des détachements d'infanterie jusqu'à une distance de plus de 7 kilomètres. Sous menace d'encourir les peines les plus sévères, les hommes reçurent l'ordre de ne pas faire connaître cette catastrophe.

— Sur demande de l'Allemagne, les États-Unis vont rechercher le nombre des prisonniers allemands détenus en France, leurs noms et leur lieu de détention.

— Les journaux anglais publient une dépêche d'Amsterdam qui dit qu'une canonnade a été entendue en mer hier, 28 octobre, vers 4 heures du matin, au nord de Knocke (nord-est de Bruges); elle a duré 45 minutes, puis elle a repris 12 heures plus tard. On croit à une bataille navale.

— On apprend de Gibraltar que l'escadrille des destroyers anglais a coulé à pic, dans l'Adriatique, un croiseur auxiliaire allemand.

— Le procès des inculpés, auteurs ou complices de l'assassinat du grand-duc héritier d'Autriche, à Sarajevo, a abouti à la condamnation à mort des accusés : Illie, Veljko, Gabrilovic, Kédo, Korowic, Jovanovitch, Milovitch. Tous seront pendus. Prinzip et Cabrinovitop, qui sont les auteurs de l'attentat, ont été condamnés à 20 ans de travaux publics.

— Le correspondant du *Times* à Petrograd télégraphie que la cavalerie russe a, hier, occupé Loods ; cette colonne de cavalerie paraît donc menacer toute la ligne de communication de l'armée allemande en Pologne russe.

— A LA BATAILLE DE L'YSER ILS TOMBAIENT SUR LEURS PROPRES MORTS. — M. Basil Clarke, correspondant de guerre du *Daily Mail*, télégraphiant d'un point situé au nord de la France, donne d'intéressants détails sur la bataille qui s'est déroulée sur l'Yser.

Après avoir rappelé que le matin, après la lutte, le canal de l'Yser ne charriait pas moins de 2.500 cadavres et que les rues de Dixmude étaient remplies de morts, ce qui indique la rigueur du combat, il déclare :

« Les Allemands avaient reçu l'ordre de traverser l'Yser, cette nuit-là, coûte que coûte, un de leurs officiers fait prisonnier l'a déclaré. Les autorités militaires supérieures allemandes étaient furieuses du retard d'une semaine apporté dans l'action projetée et elles décidèrent que la rivière devait être traversée cette nuit-là, même au prix de milliers de vies humaines. Il faut reconnaître que les soldats allemands ont fait pour le mieux. Probablement 5.000 d'entre eux ont donné leur vie pour tenter ce qui leur était demandé. Ils ne pouvaient faire plus, pourtant ils ont échoué.

« Les Allemands ont bien passé l'eau, mais lorsqu'ils se sont trouvés sur l'autre rive, ils n'ont rien pu faire. Ils ont été littéralement fauchés par le feu des fusils, déchiquetés par les obus, repoussés à la baïonnette, pas à pas, dans les eaux du canal, où ils sont tombés sur leurs propres morts.

« La route principale de Bruges à Nieuport tourne juste au-dessous de Saint-Pierre-Capelle et franchit l'Yser à deux endroits. Sur ces deux points et entre eux, des forces allemandes considérables vinrent se jeter contre la ligne des alliés. En même temps, d'autres forces attaquaient Dixmude et la région environnante. Des mitrailleuses étaient actionnées des deux côtés contre les forces défensives. Dans la bataille qui s'engagea, l'artillerie, les fusils et les baïonnettes jouèrent tous leur rôle. Les Allemands essayèrent de prendre d'assaut les ponts et ils y réussirent, malgré le feu croisé des mitrailleuses qui leur fit perdre des centaines de soldats. L'ennemi, alors, se dirigea vers les tranchées belges. Là s'engagea une lutte à coups de revolver, de baïonnette et même à coups de crosse de fusil.

« On évalue à 5.000 le nombre d'Allemands qui franchirent l'Yser. Presque tous furent tués. Ceux qui avaient passé l'eau au nord et au nord-est de Dixmude — ils étaient probablement 2.000 — furent attaqués par l'infanterie et la cavalerie belge, et une charge finale à la baïonnette les repoussa dans le canal.

« Environ 3.000 fantassins allemands pénétrèrent dans Dixmude. Ils occupèrent la ville pendant un certain temps, mais la place fut nettoyée par un feu d'obus et de balles. Les Allemands ne sortaient des maisons croulantes que pour être balayés par un feu d'obus. Dimanche matin, Dixmude était un vrai cimetière.

« Cependant, dans les bois environnants, des Allemands tenaient encore. Ils occupaient une position, malgré une fusillade désespérée, et bientôt des renforts vinrent se joindre à eux. Les alliés n'ont pu jusqu'ici les déloger, mais il se peut que ces soldats aient le même sort que ceux de leurs camarades qui avaient avec eux franchi l'Yser.

« La conduite des Belges dans cette affaire a été héroïque, des trains entiers contenant leurs blessés sont arrivés à Dunkerque. Tous ces hommes n'ont qu'une pensée : se rétablir le plus vite possible et retourner au feu. » (Du *Daily Mail*.)

— LA BATAILLE D'YPRES. — *Les Allemands repoussés après cinq jours d'attaque acharnée.* — L'attaque la plus furieuse des Allemands sur la ligne de l'Yser s'est produite à Ypres, le véritable centre de la ligne de combat dans les Flandres. Ils avaient 250.000 hommes.

Pendant deux jours, ils ont tenu en échec les troupes anglaises. Chaque jour nos soldats se dépensaient vigoureusement dans les tranchées, avançant, puis reculant. Les

Allemands avaient fait venir d'Anvers leurs gros obus de
siège qui bombardaient les tranchées.

Les troupes d'infanterie allemande sont maintes fois
arrivées jusqu'à quelques centaines de mètres. Elles s'arrê-
taient alors et lançaient leurs feux de salve, mais hésitaient
à attaquer à la baïonnette ; c'étaient nos hommes qui sortaient des tranchées pour les charger. Ils prenaient alors la
fuite, le fusil sur l'épaule. Nous en avons pris ainsi des
centaines, et plusieurs milliers d'autres ont été abattus par
les shrapnells, les balles et les mitrailleuses.

Mais leurs obus tombaient toujours sur nos lignes. La
situation devint critique. Il semblait que nous allions être
obligés de céder sous le poids du nombre, mais nous tenions
toujours.

Vendredi, enfin, nous recevions des renforts. La position
était sauvée, et l'ennemi fut repoussé à près de 20 kilomètres.

Telle est, en quelques mots, l'histoire de la bataille de
cinq jours à Ypres. Mais tout n'est pas encore fini.

On nous rapporte deux incidents de la bataille : Jeudi
matin, au petit jour, cinquante de nos hommes se trouvèrent exposés dans une tranchée à un feu violent. Deux
cents Allemands avaient réussi à se glisser à travers un
champ de betteraves, à une petite distance de la tranchée.
Ils ont été repoussés avec de grosses pertes. Dans un autre
endroit, deux cent cinquante Allemands qui cherchaient
à se rapprocher dans un bois sont tombés dans un piège.
Nous en avons tué cent trente et pris les cent vingt autres.

— DEVANT LE FOUR-DE-PARIS LES ALLEMANDS EURENT
1.200 TUÉS. — Le 18 octobre, les troupes du kronprinz
évacuaient le Four-de-Paris, qui commande la voie ferrée
de Varennes. Nous nous installâmes aussitôt sur les positions abandonnées.

Deux jours après, l'ennemi tentait de reprendre le Four-
de-Paris. D'importantes colonnes d'infanterie prirent leurs
formations d'attaque en masses profondes.

Nos troupes les laissèrent approcher, puis, quand elles furent à bonne portée, des commandements retentirent :

— Feux de salve ! Par peloton, feu !

La fusillade crépita. Au même instant une détonation formidable ébranla l'atmosphère. Le sol que nous avions miné s'entr'ouvrit.

A travers la fumée, on aperçut bientôt une colonne ennemie qui se débattait dans un enchevêtrement de poutres et de pierres. Les uns, enfouis dans des trous jusqu'à mi-corps, poussaient des appels déchirants. D'autres, affreusement blessés, tentaient de se traîner loin de la fournaise.

L'anéantissement de sa première ligne n'arrêtait pas l'ennemi. Une nouvelle colonne épaisse suivait derrière : passant par-dessus les morts et les mourants, elle arrivait vers nous.

— Mitrailleuses... Feu !

Ce fut le tour des « moulins à café ». A mesure que les Allemands parvenaient à bonne portée, ils étaient fauchés avec méthode. Une ligne après l'autre s'effondra. Les corps s'amoncelaient jusqu'à hauteur d'homme. Cette fois l'ennemi devait reculer. Il recula dans une déroute affolée.

Nous restions maîtres du Four-de-Paris. La journée du 21 fut employée à arroser de pétrole et à brûler les cadavres restés sur le champ de combat. Il y en avait plus de douze cents.

— UNE CHARGE DES LANCIERS DU BENGALE. — Les soldats qui ont vu à l'œuvre la cavalerie hindoue s'accordent à dire que c'est une des meilleures cavaleries du monde, et le récit suivant fait par un sous-officier anglais au *Daily Telegraph* montre de quels exploits elle est capable :

« Un jour, l'ennemi nous pressait durement tout le long du front. Nous avions été engagés sans répit pendant trois semaines, et nous sentions la fatigue. Vers la chute de la nuit l'ennemi recommença à s'approcher, et il nous semblait que sa masse seule allait nous forcer à rompre. Juste comme il était à mi-chemin de nos tranchées, des lanciers du Bengale, qui étaient arrivés la veille et étaient impatients de se battre, vinrent à la rescousse. C'était vraiment de beaux soldats, et nous poussâmes des hourrahs comme ils passaient à côté de nous. Ils sourirent, les yeux fixés en avant et les doigts nerveusement serrés autour du bois de leurs lances.

« Au commandement, ils s'élancèrent, ne faisant qu'un léger détour pour sortir de notre ligne de feu, et ils tombèrent sur la gauche des Allemands comme un tourbillon. L'ennemi fut pris de surprise. Ils connaissaient les turcos, mais ces hommes aux yeux étincelants, aux dents éblouissantes, à la peau sombre, aux lances terribles, qu'est-ce que c'était ? Les lanciers ne leur donnèrent guère le temps de la réflexion. Avec des hurlements, ils traversèrent l'infanterie allemande, frappant de droite et de gauche et abattant un homme à chaque coup. Les Allemands se débandèrent et s'enfuirent à toutes jambes, poursuivis pendant 2 kilomètres par les lanciers.

« Quand ceux-ci revinrent de leur charge, ils furent follement ovationnés tout le long de notre ligne ; mais ils ne semblaient pas croire q'' leur charge ait été le moins du monde une chose rema 'able. »

Dépêches ficielles

Premier Communiqué

Dans la journée d'hier, nous avons fait des progrès sur plusieurs points de la ligne de bataille, en particulier autour d'Ypres et au sud d'Arras.

Rien de nouveau sur le front Nieuport-Dixmude.

Entre l'Aisne et l'Argonne, nous nous sommes emparés de quelques tranchées ennemies et aucune des attaques partielles tentées par les Allemands n'a réussi.

Nous avons également avancé dans la forêt d'Apremont.

Deuxième Communiqué

Aux derniers renseignements, aucune nouvelle importante à signaler.

---

30 OCTOBRE 1914

Les Allemands sont rejetés sur la rive droite de l'Yser. — Progrès des troupes alliées au nord de la Bassée et vers Arras. — Le général allemand von Meyer est tué à Dixmude.

Situation des armées sur le front occidental

— La lutte se continue sur tout le front dans une situation favorable pour les armées alliées ; à l'extrême nord, les forces allemandes qui avaient franchi l'Yser ont été complètement repoussées, l'inondation de la vallée inférieure de l'Yser a considérablement aidé les Belges. Au nord et à l'est d'Ypres, la bataille a été violente, mais la progression des alliés n'a pas été arrêtée. Au nord de la Bassée, les troupes britanniques ont résisté aux violentes attaques allemandes. Vers l'Aisne, en Argonne et en Woëvre, nous avons progressé un peu. Somme toute, sur un front de 620 kilomètres de la mer du Nord à l'Alsace, nous nous maintenons ou nous progressons. On parle vaguement d'un immense effort auquel se prépare l'état-major allemand, soit dans le Nord, avec objectif Calais, soit en Argonne. Toutes les troupes disponibles se concentrent en Belgique. Une escadre de huit zeppelins, armés en guerre et se dirigeant vers l'Ouest, a été vue à Haselt.

F. B.

Nouvelles diverses publiées par les journaux

— Un avion allemand ayant été signalé du côté d'Audrincq se dirigeant de Saint-Omer à Calais, un avion français se mit à sa poursuite, l'atteignit à Sainte-Marie-Kesque et l'abattit. A son passage à Saint-Omer, il avait été poursuivi par deux avions anglais.

— Un télégramme de Genève raconte qu'il y a deux ou trois semaines un haut personnage princier est arrivé à Strasbourg, grièvement blessé ; la gare avait été complètement évacuée. On murmure que ce serait le kronprinz dont on n'a pas entendu parler depuis quelque temps.

— Le Dr Ribot, médecin major au 73e territorial, fils du ministre des finances, est interné à Halle ; il a été fait prisonnier à Lille, le 13 octobre dernier.

— On annonce officiellement que les Grecs ont débarqué à Santi-Quaranta et qu'ils se préparent à occuper l'Epire septentrionale. L'Italie a fait opérer un débarquement à Vallona. Ces mesures, approuvées par la Triple-Entente, sont destinées à assurer l'ordre et la sécurité dans ces contrées qui ont toujours protesté contre leur annexion au royaume indépendant d'Albanie.

— Une grande bataille est en ce moment engagée en Prusse orientale entre l'extrême droite russe et l'extrême gauche allemande.

— LES ANGLAIS A YPRES. — Le feu des Anglais à Ypres, après une lutte glorieuse de cinq jours contre des forces supérieures, a fait reculer l'ennemi de 20 kilomètres. Les Allemands étaient sous le commandement du prince royal de Bavière. On dit même qu'il aurait été blessé. Après avoir, vendredi matin, repoussé l'attaque des Allemands sur la ligne du canal d'Ypres, en leur infligeant d'énormes pertes, nos troupes s'avancèrent au nord et à l'ouest, à travers champs, poussant l'ennemi devant elles. Avant la tombée de la nuit elles s'emparèrent de Langhemark et établirent leurs tranchées au-delà de ce village. Ce fut là que l'ennemi fut mis en déroute avec de grosses pertes.

Comme les ténèbres tombaient sur le village, le canon cessa de tonner. Soudain, on entendit un coup de sifflet strident. Les batissons, aspergés de pétrole, laissèrent monter de hautes flammes éclairant tout le paysage; des masses d'hommes surgirent des champs à quelques centaines de mètres de nos tranchées, au son du clairon, poussant de terribles hurlements. Elles s'avançaient contre notre position. Quoique surpris, nos braves soldats ne se déconcertèrent pas ; ils prirent leurs places dans les tranchées et, de là, dirigèrent sur leurs assaillants un feu terrible et précipité, auquel s'ajoutaient les salves meurtrières des mitrailleuses ; répondant par la même arme, les ennemis avançaient toujours au son du clairon et poussant des « Hoch ! hoch ! » formidables. Ils étaient en masses très denses et tombaient par centaines. Ils arrivèrent à 25 mètres de nos tranchées et là furent obligés de reculer. Trois coups de sifflet retentirent, c'était leur retraite.

Nos hommes surgirent alors des tranchées et attaquèrent l'ennemi à la baïonnette. Le combat fut terrible. Il y eut des corps à corps jusqu'au milieu des buissons en flammes. Les baïonnettes et les balles firent leur œuvre, l'ennemi fut rejeté sur Roulers. Une batterie et plusieurs mitrailleuses furent capturées. Des milliers de prisonniers furent pris, parmi lesquels un général et plusieurs officiers.

— LES COMBATS DE LA BASSÉE. — Les Allemands paraissent attacher une importance suprême à la possession de La Bassée qui, bien qu'elle ait perdu les tours et les bastions qui faisaient d'elle autrefois une place forte, conserve encore ses vieux remparts en terre qui pendant 800 ans ont commandé les plaines de l'Artois. Sur le canal qui entoure cette petite ville ont été livrés des combats les plus âpres entre les Allemands et les Alliés.

Le pays est très difficile avec ses prairies coupées de haies, ses canaux, ses fossés, ses ondulations ayant l'apparence de collines et qui ont été baptisées montagnes par les habitants d'un pays de marais. Dans un pays comme celui-là, il est évident qu'on se serre de très près et les combats corps à corps sont souvent pressants et les listes des pertes témoignent de l'âpreté du combat. Il faut traverser les fossés sur des planches sous le feu de l'ennemi. Les haies offrent des occasions de surprendre l'adversaire.

Quand l'histoire de cette lutte qui dure depuis quinze jours entre La Bassée et Armentières sera connue, le monde sera frappé d'étonnement, car des deux côtés on a déployé un courage indompté et on n'a reculé devant aucun sacrifice ; tour à tour les Allemands et les alliés ont pris l'offensive.

Dans une dépêche que j'ai envoyée il y a une semaine et qui n'est pas parvenue, je décrivais comment les forces alliées ont chassé l'ennemi d'une forte position près de La Bassée pendant une attaque de nuit. Protégée par un feu terrible de leur artillerie, l'infanterie des alliés s'avançait en rangs serrés, car dans l'obscurité, il est essentiel que les hommes se tiennent les uns près des autres.

L'ennemi, dont la diligence n'est jamais en défaut, ouvrit instantanément le feu ; canons, mitrailleuses et fusils balayaient le terrain dans un ouragan formidable, mais en dépit du torrent de feu et d'acier déchaîné sur elles, les lignes alliées continuèrent à avancer. Les Allemands sont de braves soldats. Personne ne leur dénie le courage ou ne met en question leur promptitude à suivre leurs chefs intrépides, mais il y a des limites même pour les plus braves et elles étaient atteintes cette nuit-là quand les Anglais et les Français chargèrent les tranchées près de La Bassée.

Les Allemands se retirèrent en combattant encore, laissant derrière eux des cadavres amoncelés. (*Daily Telegraph.*)

Dépêches officielles

Premier Communiqué

A l'extrême gauche, les inondations tendues par l'armée belge dans la vallée intérieure de l'Yser ont contraint les forces ennemies qui avaient passé cette rivière à se replier. Elles ont été violemment canonnées par les artilleries belge et française pendant leur mouvement de retraite.

Les Allemands ont tenté hier de très violentes contre-attaques sur les corps d'armée français et britanniques qui progressaient au nord-est et à l'est d'Ypres. A la fin de la journée, nos troupes n'en avaient pas moins continué leur mouvement en avant, dans les directions qui leur étaient assignées, et enlevé divers points d'appui.

Les troupes britanniques, assaillies sur plusieurs points au nord de La Bassée par des forces supérieures, ont repris énergiquement l'offensive et reconquis largement le terrain primitivement cédé à l'ennemi. Sur plusieurs autres parties de leur ligne de combat, elles ont également repoussé des attaques allemandes en leur faisant subir des pertes importantes.

Sur le reste du front, aucune action d'ensemble, mais des offensives partielles de notre part et de celle de l'ennemi. Nous avons progressé à peu près partout, notamment devant quelques villages entre Arras et Albert, sur les hauteurs de la rive droite de l'Aisne, en aval de Soissons, et de part et d'autre de la Meuse au nord de Verdun.

Deuxième Communiqué

En Belgique, rien de nouveau n'est signalé aux dernières nouvelles dans la région de Nieuport-Dixmude.

A notre aile gauche, l'ennemi a dirigé de violentes attaques contre le front des troupes britanniques et sur les deux rives du canal de La Bassée sans obtenir aucun succès.

Il y a une recrudescence d'activité dans la région de Reims et dans celle des Hauts-de-Meuse, au sud de Fresnes-en-Woëvre.

---

31 OCTOBRE 1914

Rupture des relations diplomatiques entre la Turquie et la Russie, la France et l'Angleterre. — Violent combat et succès des alliés autour d'Arras. — Prise par les Français de Le Quesnoy-en-Santerre. — Le croiseur anglais « Hermès » est coulé dans le Pas-de-Calais.

Situation des armées sur le front occidental

— Les armées alliées paraissent avoir pris la ferme détermination de ne plus se laisser entamer par les Allemands, quel que soit l'effort déployé par ceux-ci. Sur tout le front de bataille, nous progressons lentement sur certains points et nous résistons vaillamment sur d'autres aux attaques furieuses de l'adversaire. Les Allemands paraissent avoir renoncé à leur marche sur Dunkerque, en longeant la mer du Nord, le pays leur est malsain, il y a trop de marécages et les canons des navires de guerre ont une trop longue portée ; ils ont maintenant essayé de prendre l'offensive au sud de la ligne de l'Yser, ils concentrent paraît-il de grandes forces entre Zeebrugge et Hayse et ils garnissent la côte d'artillerie lourde, afin de pouvoir répondre à la canonnade des navires de guerre. Ils ont fait sauter la magnifique jetée de Blankenberghe (Belgique).

F. B.

Nouvelles diverses publiées par les journaux

— Un événement sensationnel, quoique attendu, s'est produit dans la matinée du 29 octobre, mais il n'a été officiellement confirmé que dans la nuit du 30 au 31 octobre. La Turquie est intervenue dans le conflit actuel par des actes qui ne laissent plus aucun doute sur ses intentions. Le 29, à 3 h. 30 du matin, deux contre-torpilleurs turcs sont entrés dans le port d'Odessa, ils ont coulé une canonnière russe et endommagé le vapeur français *Portugal*, à bord duquel deux personnes ont été tuées.

A 9 h. 30, un croiseur turc a bombardé la gare et la ville de Théodosia. Enfin, à Novorossisk, un autre croiseur a sommé la ville de se rendre et l'a bombardée. Une partie de la flotte russe s'est dirigée à toute vitesse vers le Bosphore avec l'intention d'attaquer les navires turcs. Les ambassadeurs de la Triple-Entente ont reçu l'ordre de demander leurs passeports si la Turquie ne faisait pas des excuses immédiates et ne s'engageait pas à renvoyer les officiers allemands qui ont pris la direction de sa marine et de ses troupes.

— Le *Petit Journal* publie en première page la note suivante :

« Le 28 octobre, au jour, le croiseur allemand *Emden*, après s'être préalablement maquillé, est entré sous pavillon russe, dans le port anglais de Poulo-Penang, dans la presqu'île de Malacca ; il a attaqué et coulé par le canon et la torpille le croiseur russe *Jemtchong* qui se trouvait au mouillage. A sa sortie du port, il a été attaqué par le torpilleur d'escadre français *Mousquet*, qui se trouvait en grand' garde et qui s'était hâté de rallier au canon ; mais la lutte était par trop inégale entre le croiseur et notre torpilleur, et celui-ci a été coulé.

« Les survivants ont été recueillis par l'*Emden*, qui a repris le large.

« 85 hommes de l'équipage du *Jemtchong* ont péri, 112 ont été blessés, les 250 autres ont été sauvés. »

— Les obsèques du prince Maurice de Battenberg, qui a été tué pendant un combat à la tête des troupes anglaises, ont eu lieu aujourd'hui à Ypres.

— Deux aéroplanes allemands ont survolé Béthune hier soir, ils ont jeté deux bombes, l'une d'elles est tombée sur un groupe de femmes, plusieurs furent tuées.

— Un télégramme de La Haye au *Figaro* annonce que des voyageurs venant de Berlin prétendent que le duc de Brunswick, gendre du Kaiser, a été blessé dans l'Argonne. La duchesse aurait été appelée près de lui. Il y a quelques jours on le disait prisonnier des Français.

— EN RUSSIE. — La neige commence à tomber en Pologne, au sud de Varsovie le terrain est très difficile, les routes sont mauvaises et les canons allemands ainsi que les voitures de ravitaillement s'embourbent profondément. Comme les Russes exercent une pression continuelle, les Allemands ne peuvent se dégager et leur retraite est désastreuse.

— LES COSAQUES INSPIRENT AUX AUTRICHIENS UNE TERREUR INSURMONTABLE. — La manière d'attaquer des Cosaques ne suit aucune règle : ils s'élancent sur l'ennemi, comme un fleuve de lave, détruisant tout sur leur passage et provoquant une indescriptible panique.

Dans un combat près de Przemysl, un bataillon de chasseurs hongrois s'enfuit, pris de terreur, devant une de leurs attaques, jetant fusils, sacs, manteaux, bidons pour courir plus vite, et abandonnant toutes les mitrailleuses et les munitions.

Il y a quelques jours, trois régiments de hussards hongrois firent une brillante charge contre des batteries russes disposées à la lisière d'un bois. Au moment où les Hongrois atteignaient les canons russes, une masse de cosaques sortit du bois. Aussitôt tous ces assaillants qui avaient bravé les

canons furent pris d'une immense terreur et lâchèrent
pied.

Un officier d'artillerie qui assista à cet engagement dit
que la vue en était épouvantable ; les cris poussés par les
hommes transpercés par les lances n'avaient plus rien
d'humain. Il fut impossible de rallier les Hongrois et en
moins d'un quart d'heure le terrain était jonché de cadavres sur une distance de plus d'un kilomètre.

Plus tard, lorsqu'on voulut enterrer les morts, on trouva
500 cadavres de hussards et 300 chevaux tués. Les cosaques
sont de bons tireurs, mais, comme l'infanterie russe, le
combat réel pour eux est le corps à corps. — (Daily Mail.)

— UN TRAITRE ALLEMAND. — Aux environs de Bar-le-Duc,
une patrouille de cavaliers français surprenait un officier
saxon et 7 soldats, si fort occupés à dévaliser des blessés
et les cadavres qu'ils n'entendirent pas approcher les
nôtres.

Ce crime flagrant, le Code militaire le punit de mort. Les
soldats prisonniers ayant unanimement déclaré que leur
chef leur avait donné l'ordre de vider les poches des cadavres, afin que ceux-ci ne fussent pas dévalisés par les Français, l'officier fut condamné, séance tenante, à être fusillé.
La sentence fut signifiée par un officier d'état-major, dé-
puté, qui parle fort bien l'allemand.

Le Saxon, en entendant son arrêt de mort, pâlit, blêmit
et se mit à trembler, mais ne protesta pas.

— Vous avez le moyen de sauver votre peau, dit alors un
officier français. Vous êtes de l'état-major. Vous devez
savoir quelles sont les troupes qui sont devant nous. Voici
un crayon, du papier, une carte, indiquez-nous les positions
des armées et vous aurez la vie sauve. Vous avez cinq minutes pour vous décider.

— C'est tout décidé, fit le Saxon, j'accepte.

Et ayant recouvré son sang-froid, il nota minutieusement
l'emplacement de l'artillerie, du parc d'aviation, des réserves d'infanterie.

Fascicule 8

— Si vous avez menti, vous serez fusillé, lui dit-on. Nous avons les moyens de vérifier.

— Vérifiez, répondit le traître : je n'ai pas menti.

Un aviateur partit en reconnaissance et, une heure après son départ, il revenait, apportant la confirmation absolue des renseignements donnés par le Boche.

— Marché conclu, dit l'officier français, vous avez la vie sauve. Venez voir maintenant !

Plusieurs batteries avaient été avancées ; elles ouvrirent un feu d'enfer sur les positions allemandes qui tentèrent en vain de riposter.

Deux heures plus tard, nos troupes, après un sérieux nettoyage à la baïonnette, s'installèrent sur les points fortifiés abandonnés par l'ennemi.

L'Allemand, monocle à l'œil, impassible, muet, avait assisté au nettoyage. Il restait cinq ou six cents morts sur le terrain.

— Voilà le résultat de votre trahison, ne put s'empêcher de lui dire un officier. Si vous vous étiez laissé fusiller, ainsi que vous l'ordonnaient votre devoir et l'honneur militaire, vous eussiez épargné la vie à cinq ou six cents de vos hommes et un échec grave à vos armes. Vous vous êtes conduit comme un lâche.

— C'est possible, répondit froidement le Saxon, mais j'ai sauvé ma peau, comme vous dites, et la peau d'un fidèle serviteur de Sa Majesté vaut bien un petit sacrifice.

Le misérable hobereau qui osa répondre de la sorte est prisonnier de guerre et fume en paix ses cigares dans une petite ville du Midi. — (Du *Petit Parisien*.)

— UNE CHANSON. — Le *Bulletin des armées* a l'excellente idée de faire chanter nos soldats.

Voici des couplets de Dominique Bonnaud :

Air : *C'est des chos's qu'un' femm' n'oublie pas.*

C'est du côté de... nous n' pouvons pas l' dire,
Enfin... tout près de chose... pas trop loin d' machin
Que j' te rédig' le p'tit mot qu' tu vas lire
Sur la dernièr' feuill' de mon vieux cal'pin.
J' suis dans la tranchée où, soit dit sans r'proche,
Comm' chauffag' central y a qu' des courants d'air...
Et pour citer l' nom d'un général hoche,
On peut trouver mieux, seul'ment c'est « Blücher !»

*
**

Sous mon command'ment, j'ai des gens d' tout' sorte,
Des « proprillétaires », des cochers d' sapins,
Mais tout l' monde laiss' ses grands airs à la porte.
En fac' de l'ennemi y a pus qu' des copains.
J' suis l' sergent d'un duc, de haute origine,
Qui, l'autr' jour, a pris un drapeau saxon.
J' l'ai félicité comm' dans Courteline,
Par ces simples mots : « Eh ben !... mon cochon ! »

*
**

Y a aussi un Belge, un typ' héroïque,
Qui travaill' comm' deux et qui s' bat comm' trois ;
A chaque bomb' allemande donn' la réplique
Avec son joyeux accent bruxellois.
L'un' d'ell's ce matin lui siffle à l'oreille,
Pour qu'il soit fichu n' s'en fallait qu' d'un doigt.
Il a tranquillement dit : « Allèye ! Allèye ! »
Tu say's, filseque, c'est bon pour un' fois !

Y a même des Anglais , de l'aut' côté d' la route,
Qui s' chargent de faire, à coups d' Martini,
Passer aux Allboch's le goût d' la choucroute ;
Leurs ball's ne sont pas « Made in Germany »
Dans tout' leur armée (y a pas, ça fait riche)
Chacun a son tob et sa brosse à dents.
Si c'est leur idée, à ces brav's Angliches,
On peut toujours dir' qu'ils s' batt'nt... proprement.

*
**

J'arrêt' mon courrier... à revoir, vieux Gustave.
Est c' qu'on s' r'verra ? That is the question.
Bah ! n'y pensons pas, c'est l' moment d'êtr' brave,
Assez d' larme à l'œil, et pas d'émotion.
Quant à ces bandits, d'puis qu'on les amoche,
J'espèr' bien qu'à forc' de s' faire zigouiller,
Ils s'ront avant peu « fatigués d'êtr' boches ».
Compt' sur moi, vieux frèr', pour y travailler !

— COMMENT LES SÉNÉGALAIS ONT PRIS UN GÉNÉRAL
ENNEMI. — Un fait d'armes remarquable a été récemment
accompli par les troupes sénégalaises qui opèrent autour
de Furnes et d'Ypres.

Après que les troupes françaises se furent emparées de
la région au nord d'Ypres, on découvrit que les Allemands
recevaient leurs munitions et leurs fournitures par un
chemin de fer à voie étroite qui court le long de la grande
route de Roulers à Staden.

A dix heures du soir, une compagnie de Sénégalais quitta
les lignes françaises, par un temps sombre et orageux. Des
ordres sévères avaient été donnés aux hommes de ne pas
fumer, ni parler, ni même de consulter leurs cartes à l'aide
de leurs lanternes automatiques. Un braconnier belge leur
indiqua la route entre Poelcapelle et Sleyhaege, villages qui

sont distants l'un de l'autre d'environ 9,300 mètres. Quelques sapeurs accompagnaient également la petite force.

La ligne du petit chemin de fer fut atteinte à environ minuit et pendant que les sapeurs étaient en train de poser leurs charges de dynamite sur les rails, le ronflement d'une automobile se fit entendre et un jet de lumière illumina subitement la route et permit de se rendre compte qu'il venait d'une automobile blindée. Un coup de sifflet strident se fit entendre aussitôt au milieu de la nuit, et avant que les occupants de l'auto puissent bouger, ils étaient faits prisonniers.

L'un d'entre eux s'écria en bon français, d'une façon angoissante : « Ne me tuez pas, je suis un général ! » Le général, un Prussien, était accompagné de son aide de camp, d'un chauffeur et d'un sous-officier.

Durant cet épisode, les sapeurs avaient posé leurs charges de dynamite sur une étendue de 1.500 mètres le long de la ligne du chemin de fer. La compagnie se retira après avoir mis le feu à une mèche. Une longue traînée de feu courut le long de la ligne et les charges de dynamite firent explosion.

L'automobile capturée dut être abandonnée, mais sa mitrailleuse et ses pneus furent emportés par les Sénégalais, qui regagnèrent sans encombre les lignes françaises avant le lever du soleil. — (*Daily Mail.*)

Dépêches officielles

Premier Communiqué

La journée d'hier a été marquée par un essai d'offensive générale de la part des Allemands sur tout le front de Nieuport à Arras, et par de violentes attaques sur d'autres parties de la ligne de bataille.

De Nieuport au canal de La Bassée, alternatives d'avance et de recul. Au sud de Nieuport, les Allemands qui s'étaient

emparés de Remscapelle en ont été chassés par une contre-
attaque. Au sud d'Ypres, nous avons perdu quelques points
d'appui (Hollebeke et Zandwoorde) et nous avons progressé
à l'est d'Ypres, vers Passchendaele.

Entre La Bassée et Arras, toutes les attaques des Allemands ont été repoussées avec de grosses pertes pour eux.

Dans la région de Chaulnes, nous avons progressé au-delà
de Lihons et nous nous sommes emparés du Quesnoy-en-
Santerre.

Dans la région de l'Aisne, nous avons également progressé sur les hauteurs de la rive droite, en aval de Soissons, mais nous avons dû reculer vers Vailly.

Avance dans la région de Souain. Un violent combat dans
l'Argonne.

En Woëvre, nous avons encore gagné du terrain dans le
bois Leprêtre.

Deuxième Communiqué

Aux dernières nouvelles, pas d'incident notable à signaler.

Au centre, nous avons progressé dans la région au nord
de Souain.

Partout ailleurs, nous maintenons nos positions.

1er NOVEMBRE 1914

**Le quartier général allemand à Thiet (Belgique)
est détruit par une escadrille d'aviateurs français.
— Violente bataille et échec des Allemands devant Ypres. — Bataille de Sampigny (Oise); occupation de Tracy-le-Val (Oise).**

Situation des armées sur le front occidental

— Il n'y a plus maintenant aucun doute, c'est bien dans
la région d'Ypres à Arras que se porte tout l'effort des

Allemands pour percer nos lignes et parvenir, s'il est possible, à Boulogne et Calais. On apprend que des renforts importants arrivent à ces troupes. Il y a tout lieu de croire que la nouvelle offensive allemande n'aura pas plus de succès que la précédente, la route de Calais est barrée par les alliés et ils ne sont pas disposés à se laisser percer par les masses allemandes.

Nous venons de remporter un gros succès à Le Quesnoy-en-Santerre, dans la direction de Roye, et un autre au nord de Souain.

Sur la Meuse et au nord de Pont-à-Mousson, nous progressons chaque jour un peu. On ne parle plus depuis quelques jours de l'armée allemande de Saint-Mihiel. Qu'est-elle devenue ? Sa situation ne doit pas être brillante.

On annonce de Bâle qu'une nouvelle armée allemande est en voie de formation, qu'elle sera forte de 580.000 hommes, qu'elle sera formée par le contingent de la classe 1915 et par l'enrôlement de volontaires. Cette armée est destinée à opérer contre l'armée française.

F. B.

Nouvelles diverses publiées par les journaux

— La situation entre la Turquie et la Triple-Entente ne s'améliore pas. Le gouvernement russe a donné mandat à son ambassadeur à Constantinople d'obtenir immédiatement du gouvernement turc des excuses et des regrets pour l'agression commise dans la mer Noire, et comme première satisfaction, le renvoi de tous les officiers allemands employés dans l'armée et la marine ottomanes. A défaut, l'ambassadeur de Russie devra demander ses passeports. Cette démarche sera appuyée par les représentants de la France et de l'Angleterre.

— On annonce de Londres que lord Naime, fils de lord Lansdowne, ancien ministre des affaires étrangères, vient d'être tué à l'ennemi.

— On annonce également que le croiseur anglais *Hermès* a été coulé le 31 octobre dans le détroit de Douvres par un sous-main allemand. Le *Telegraph* déclare que le 29 octobre des aviateurs ont jeté des bombes dans la cour de la gare de Lichtennelde, où se trouvaient de grandes quantités de matériel de guerre allemand. Les bombes ont causé des dégâts considérables et ont tué trois soldats.

— Le *Petit Journal* annonce que dans les derniers combats de la région d'Ypres, un avion allemand a jeté cinq bombes sur Ypres, le 29 octobre ; deux femmes et un officier ont été blessés. Le 30 octobre, deux avions allemands ont survolé Poperinghe et ont jeté des bombes, dont une près de l'église ; elle n'a causé que des dommages matériels.

— LE « WALDECK-ROUSSEAU » CITÉ A L'ORDRE DU JOUR DE L'ARMÉE NAVALE. — Vous avez dû lire dans les journaux le récit de l'attaque contre le *Waldeck-Rousseau*, le 17 octobre. Nous l'avons échappé belle ce jour-là. Voici comment c'est arrivé. L'escadre conduisait un vapeur français chargé de matériel à Antivari (Monténégro). Le *Waldeck* avait été envoyé en éclaireur, comme c'est son rôle de grand croisieur. Nous étions à 20 milles en avant de l'escadre, lorsqu'en arrivant en face de Cattaro, un port de guerre autrichien, nous vîmes un aéroplane qui venait sur nous à toute vitesse, puis deux grands destroyers autrichiens qui se tenaient assez loin entre la côte et nous. Tout le monde à bord était occupé à regarder l'avion et les deux bateaux lorsque la vigie qui est en haut du mât aperçut d'abord à tribord devant un sous-marin qui donnait des coups de périoscope pour nous viser, puis un autre à tribord arrière et un autre à bâbord milieu. Comme vous le voyez, nous étions en bonne compagnie. Heureusement personne à bord n'a perdu son sang-froid et le commandant moins que tout autre ; lorsqu'il eut vu le premier sous-marin, il fit mettre en avant à toute vitesse et le bateau partit dessus à 24 nœuds ; le sous-marin a été éventré et a coulé à pic, pendant ce temps

le deuxième sous-marin de tribord était canonné à coups
de 19 cent. et l'on vit qu'il avait été touché, car il y eut une
colonne de pétrole qui sortit de l'eau : celui-là aussi était
au fond ; le troisième avait disparu sans rien tenter contre
nous, car il ne faisait pas bon autour du *Waldeck*. Nous
allions toujours à 24 nœuds et au lieu de filer droit, nous
faisions des embardées terribles pour empêcher le pointage
des torpilles. Tout cela s'était passé en quelques minutes.
Pendant ce temps, l'avion était arrivé sur nous et laissait
tomber trois bombes, à quelques mètres du bord. Nous
avons tiré dessus avec les mitrailleuses, mais nous l'avons
raté ; de sa passerelle, le commandant l'a applaudi et lui a
crié : « Bravo, Monsieur l'aviateur, à une autre fois ! »

— ÇA, BON CAFÉ ! — Le préfet du département de X...
(soyons discrets comme la censure) visite les blessés dans
un hôpital. Il parcourt les salles, s'approche des lits, donnant d'excellentes paroles d'encouragement. Soudain, il
s'arrête devant un superbe Marocain, qui lui rit de toutes
ses dents blanches.

— Qu'est-ce que tu as là ?

Il désigne une médaille de piété épinglée à sa chemise.

— Ça, bon café, répond le brave Marocain.

Cet homme perspicace avait remarqué que tous les blessés
qui portaient cette médaille avaient du « bon café » et il
n'avait pas manqué de la demander aux infirmières, heu-
reuses de faire une conversion.

Dépêches officielles

Premier Communiqué

Rien de nouveau sur le front Nieuport-Dixmude.

Les Allemands ont continué leurs violentes attaques sur
toute la région au nord, à l'est et au sud d'Ypres. Toutes ces
attaques ont été repoussées et nous avons même progressé
légèrement au nord d'Ypres, sensiblement à l'est de cette
localité.

Au début de la journée, des forces ennemies débouchant de la Lys étaient arrivées à s'emparer de Hollebeke et de Messines. Ces deux villages ont été repris dans la soirée par de vigoureuses contre-attaques des forces alliées.

Sur le reste du front, la journée d'hier a été marquée par de violentes canonnades et par quelques contre-attaques de l'ennemi restées sans résultat, pour reprendre le terrain conquis par nous au cours des dernières journées.

La lutte est toujours très âpre en Argonne, où les Allemands ne font d'ailleurs aucun progrès.

D'après des statistiques fournies par nos services de l'arrière, et pendant la seule semaine du 14 au 20 octobre, il a été interné 7.683 prisonniers allemands. Dans ces chiffres ne se trouvent pas compris les blessés soignés dans nos ambulances, ni les détachements en voie d'acheminement du front à l'arrière.

Deuxième Communiqué

En Belgique, aucun renseignement nouveau.

Au cours de la journée, nous avons repoussé de violentes attaques de l'ennemi dans les environs de Lihons, du Quesnoy-en-Santerre, de Vailly-sur-l'Aisne et du bois de la Grurie, dans l'Argonne.

Au nord de Souain, nous avons continué à progresser légèrement. Dans les Vosges, notre offensive nous a rendus maîtres des hauteurs voisines de Sainte-Marie.

2 NOVEMBRE 1914

Les Allemands battent en retraite et abandonnent les rives de l'Yser. — Violente attaque des Allemands contre Vailly (Aisne). — Prise de Ramscapelle (Belgique) par les alliés. — Destruction de 3 avions allemands dans la région de Souain.

Situation des armées sur le front occidental

— Le communiqué belge d'aujourd'hui, qui renferme plus de détails que le communiqué français sur les événements qui se passent en Belgique, nous apprend que plusieurs corps d'armée allemands sont concentrés sur le front Gheluwet-Hollebeke-Deulemont, qu'ils ont pour objectif. Ypres ; que l'arrivée de l'empereur d'Allemagne, annoncée comme prochaine dans le sud de la Flandre, semble indiquer que l'effort principal de la lutte se portera entre Ypres et la Lys.

D'un autre côté, le *Times* nous annonce que les Allemands se trouvent en grand nombre près de La Bassée et autour d'Arras, avec Lens au centre, mais il ajoute que cette route est fermée aux Allemands, ce qui semble indiquer que les troupes alliées, dans lesquelles domine l'élément anglais, ont pris toutes dispositions utiles pour résister à la poussée allemande. Nous pouvons donc nous attendre d'ici peu de jours à de violentes batailles dans toute cette région.

Un télégramme d'Amsterdam annonce que les Allemands ont fait transporter à Anvers, par voie ferrée, une grande quantité de matériel naval, notamment des bateaux en acier et des moteurs. Le tout a été transporté dans un des docks et la plus grande activité y règne. De nombreux officiers de marine, parmi lesquels se trouvent deux amiraux, sont arrivés à Anvers.

F. B.

Nouvelles diverses publiées par les journaux

— Les relations diplomatiques entre la Turquie et les puissances de la Triple-Entente sont rompues et une bataille navale est imminente dans la mer Noire. L'Italie s'efforce cependant d'éviter un conflit armé, elle agit dans ce sens à Constantinople et à Petrograd.

La Turquie ayant refusé les réparations et les excuses qui lui étaient demandées, M. de Giers, ambassadeur de Russie, et l'ambassadeur d'Angleterre ont quitté Constantinople le 1ᵉʳ novembre. M. Bompard, ambassadeur de France, doit partir aujourd'hui.

En raison du départ de l'ambassadeur de Russie, l'ambassadeur d'Italie, chargé de la défense des intérêts russes, a informé la Turquie que la Russie agira envers les sujets turcs en Russie comme la Turquie elle-même agira à l'égard des sujets russes.

— Le correspondant du *Times* à Sofia dit tenir de source autorisée que la Bulgarie conserverait la plus stricte neutralité dans le conflit actuel et qu'elle s'abstiendrait de tout acte pouvant lui créer des difficultés avec les puissances de la Triple-Entente, dans l'espoir que plus tard ses légitimes aspirations seront reconnues par elles.

— RUPTURE DES RELATIONS DIPLOMATIQUES DE LA TRIPLE-ENTENTE AVEC LA TURQUIE. — *Une note du gouvernement français.* — Le gouvernement de la République, de même que le gouvernement russe et le gouvernement anglais, a donné, dès le début de la guerre actuelle, au gouvernement ottoman l'assurance formelle que son indépendance et son intégrité seraient respectées durant toute la guerre et lors de la conclusion de la paix, au cas où le gouvernement ottoman observerait la neutralité durant les hostilités.

Depuis lors, malheureusement, le gouvernement de la République a dû constater à maintes reprises de regrettables infractions aux règles de la neutralité, principalement dans la conduite observée par les autorités militaires et navales ottomanes à l'égard de l'Allemagne. Le nombre toujours croissant des postes confiés, durant ces dernières semaines, à des officiers allemands, la réception d'armes et de munitions provenant d'Allemagne, l'accueil fait au *Gœben* et au *Breslau* avaient justement alarmé le gouvernement de la République au moment même où celui-ci prouvait par son attitude bienveillante dans la question des Capitulations son désir de bonne entente avec la Porte.

Le 29 octobre, les vaisseaux turcs ont, sans avertissement et sans provocation d'aucune sorte, commis des actes de guerre : à Odessa, un navire ottoman a canonné le paquebot français *Portugal,* des Messageries Maritimes, et tué plusieurs personnes à bord. Le même jour, sans déclaration de guerre, des vaisseaux turcs ont coulé des navires russes et bombardé Théodosia, Noborossisk, attaquant ainsi des villes ouvertes et non défendues de la côte russe de la mer Noire.

Le gouvernement russe et le gouvernement français, de concert avec le gouvernement britannique, voulant espérer que ces actes étaient imputables à l'initiative des officiers allemands, qui ont tenté d'usurper l'autorité due au commandement ottoman, proposèrent à la Sublime Porte de désolidariser sa politique de celle du cabinet de Berlin, en renvoyant immédiatement tous les officiers allemands employés au service ottoman.

A la suite d'une réunion du grand conseil du gouvernement turc et du comité Union et Progrès, tenue le 30 au soir, le gouvernement turc s'est borné à proposer aux embassadeurs de la Triple-Entente le rappel des navires turcs dans les détroits et a exprimé son désir de rester en paix avec les cabinets de Russie, de France et d'Angleterre. Mais à défaut du renvoi des officiers allemands au service ottoman, les gouvernements de la Triple-Entente ne pouvaient espérer que la Turquie puisse maintenir l'attitude passive qu'elle offrait. Il était évident que les Allemands, après avoir provoqué la rupture, la mettraient complètement à profit. Au surplus, la proposition du gouvernement ottoman avait, pour les gouvernements de la Triple-Entente, les mêmes inconvénients qu'une guerre ouverte, puisqu'elle les obligeait à distraire une partie de leurs forces pour se garder contre les agressions qu'il n'était plus permis de considérer comme un péril imaginaire.

Le gouvernement ottoman n'ayant pas cru devoir donner, en congédiant les officiers allemands, la marque de la sincérité de ses intentions qui lui était demandée, les trois ambassadeurs de Russie, de France et de Grande-Bretagne, conformément aux instructions de leurs gouvernements, ont successivement demandé leurs passeports au grand-vizir. Cette démarche a été faite le 31 octobre, dans la matinée. A la suite de cette rupture diplomatique, les ambassadeurs ont quitté la Turquie.

Les intérêts des Français en Turquie se trouvent aujourd'hui confiés à l'ambassadeur des Etats-Unis d'Amérique; ceux des Français en Palestine sont confiés au représentant de l'Espagne.

Les nouvelles reçues d'Algérie, de Tunisie et du Maroc, à la suite de l'agression turque, prouvent que le monde musulman du nord de l'Afrique a très bien compris l'erreur et la faute commises par la Sublime Porte en abdiquant sa souveraineté et l'indépendance d'un empire musulman entre les mains de l'Allemagne. Cette puissance ne poursuit, en effet, que des vues égoïstes et dominatrices, et veut entraîner une fraction importante de l'Islam dans une lutte qui ne peut lui être que funeste.

Il ressort des impressions reçues du nord de l'Afrique que le monde musulman n'entend à aucun degré se solidariser avec les Turcs, qui compromettent d'une façon si téméraire la cause musulmane.

— LES FUSILIERS MARINS ALLEMANDS NE TIENNENT PAS DEVANT LES INDIENS. — Le *Soleil du Midi* raconte que le 29 octobre les troupes alliées ayant dû évacuer Ramscapelle devant d'importantes colonnes de fusiliers marins allemands munis de canons de débarquement, 5.000 lanciers Bengalis furent envoyés d'urgence à leur secours. Et l'on vit alors les cavaliers indiens mettre pied à terre et charger la lance au poing. A ce spectacle, un hurrah ! formidable éclata dans les rangs de l'infanterie alliée. Baïonnette au canon, elle s'élançait à son tour en avant. Ce fut une ruée irrésistible. Culbutés dans leurs tranchées, les fusiliers hambourgeois se repliaient en arrière. Le village leur offrait un abri momentané derrière lequel ils tentaient de résister, mais en vain. Enfonçant les portes à coups de crosse, les alliés les poursuivaient jusqu'au haut des maisons, allant les clouer sur les fenêtres d'où ils tiraient.

A son tour, l'ennemi évacuait Ramscapelle. Il abandonnait douze canons de débarquement, laissait entre nos mains plus de 1.000 prisonniers. Il allait se réfugier dans le méandre marécageux que les divers bras de l'Yser forment à l'est de Schoore. Le passage de la rivière sur ce point ne lui avait guère été profitable. Les rues de Ramscapelle étaient couvertes de cadavres allemands.

Dépêches officielles

Premier Communiqué

A notre aile gauche, l'offensive allemande a continué hier avec la même violence en Belgique et dans le nord de la France, particulièrement entre Dixmude et la Lys. Dans cette région, malgré les attaques et contre-attaques des Allemands, nous avons légèrement progressé sur presque tout le front, sauf au village de Messines, dont une partie a été reperdue par les troupes alliées.

L'ennemi a tenté un gros effort contre les faubourgs d'Arras ; il a échoué ; de même contre Lihons et le Quesnoy-en-Santerre.

Au centre, dans la région de l'Aisne, nous avons légèrement progressé vers Tracy-le-Val, au nord de la forêt de

Laigle, ainsi que sur certaines parties de la rive droite de l'Aisne, entre cette forêt et Soissons. En amont de Vailly, une attaque dirigée contre celles de nos troupes qui tiennent les hauteurs de la rive droite a également échoué. Il en a été de même pour plusieurs attaques de nuit sur les hauteurs du Chemin-des-Dames.

Dans la région de Reims, entre l'Argonne et la Meuse et sur les Hauts-de-Meuse, on a constaté hier une recrudescence d'activité de l'artillerie lourde ennemie, dont le bombardement n'a d'ailleurs pas donné de résultat appréciable.

A notre aile droite, une reconnaissance offensive de l'ennemi sur Noméry a été repoussée.

Dans les Vosges, outre que nous avons repris les hauteurs qui dominent le col de Sainte-Marie, nous avons progressé dans la région du Ban-de-Sapt, où nous occupons les positions d'où l'artillerie ennemie bombardait la ville de Saint-Dié.

Deuxième Communiqué

Entre la mer du Nord et l'Oise, les attaques prononcées dans la journée d'aujourd'hui par les Allemands ont été moins violentes qu'hier.

En Belgique, nous avons progressé au sud de Dixmude et au sud de Gheluwe, et nous avons maintenu toutes nos autres positions.

Dans la région de l'Aisne, une violente offensive allemande entre Braye-en-Laonnois et Vailly a complètement échoué.

3 NOVEMBRE 1914

Le sous-marin anglais « D-5 » est coulé par une mine dans la mer du Nord. — L'escadre anglo-française commence le bombardement des forteresses des Dardanelles. — Reprise de Sandomir (Pologne) par les Russes.

Situation des armées sur le front occidental

— La bataille de l'Yser, qui peut être considérée comme la première phase de la grande bataille du Nord, est virtuellement gagnée, les forces alliées ont fait reculer les Allemands jusqu'aux faubourgs d'Ostende, les quelques groupes ennemis qui occupaient encore les rives de l'Yser se retirent d'eux-mêmes, non sans être inquiétés et sans laisser dans les marécages une bonne partie de leur matériel de guerre et quelques canons. De Dixmude à Arras, nous avons progressé, sauf sur un seul point, à Messines, où nous avons abandonné une partie du village, que nous reprendrons peut-être demain. A Arras, la bataille fait rage, nos troupes sont retranchées dans les faubourgs et la moindre avance des Allemands leur cause des pertes énormes.

La recrudescence d'activité sur l'Aisne et notamment à Vailly continue, mais le mouvement en avant des Allemands est complètement arrêté, il en est de même en Argonne.

Des nouvelles venues d'Ostende apprennent que le général allemand von Meyer a été tué à Dixmude le 30 octobre.

F, B,

Nouvelles diverses publiées par les journaux

— Dans la région de Souain, trois avions allemands ont été descendus. Un autre avion qui se dirigeait sur Paris est venu jusqu'à Coulommiers, mais il a été poursuivi par l'escadrille du camp retranché de Paris.

— En Turquie, aucun incident nouveau à signaler. Le gouvernement turc s'étant borné à proposer aux ambassadeurs de la Triple-Entente le rappel des navires turcs dans le détroit, tout en exprimant son désir de rester en paix avec la Russie, la France et l'Angleterre, cette réponse n'a pas été jugée satisfaisante puisqu'elle obligeait les intéressés aux mêmes inconvénients qu'une guerre ouverte.

L'ambassadeur de Serbie a reçu ordre de son gouvernement de quitter Constantinople aujourd'hui 3 novembre.

L'amirauté anglaise fait connaître que le croiseur *Minerva*, à son arrivée à Akaba (Arabie), trouva la ville occupée par des soldats, dont l'un avait l'apparence d'un officier allemand. Le *Minerva* bombarda alors le fort et les troupes. La ville fut évacuée et un contingent fut débarqué qui détruisit le fort, les casernes, le bureau de poste et les dépôts.

— LE PRÉSIDENT POINCARÉ ET LE ROI ALBERT Ier. — Le Président de la République s'est rendu à Dunkerque. Il a eu de longs entretiens avec les ministres belges, lord Kitchener et le général Joffre. Il a été constaté une fois de plus que l'accord est complet pour le présent et pour l'avenir entre les états-majors des trois armées alliées.

Le Président de la République, accompagné du ministre de la guerre, du général Joffre et du général Duparge est allé aujourd'hui lundi, dans la matinée, saluer en Belgique le roi Albert et l'armée belge. Le roi, informé par M. de Brocqueville de l'intention du Président, a voulu venir au devant de lui jusqu'à la frontière. M. Poincaré a dit au roi qu'il avait tenu à lui exprimer de nouveau la fervente admiration et les vœux enthousiastes de la France entière.

Il lui a répété que la cause des deux pays était également sacrée à tous les Français. Le roi a chaleureùsement remercié le Président et a fait un vif éloge de l'armée française. Il a conduit M. Poincaré dans son automobile jusqu'à la résidence royale, où le Président a présenté ses hommages à la reine.

De là, les deux chefs d'Etat, accompagnés de MM. Millerand et de Brocqueville, ainsi que du général Joffre, se sont rendus dans la ville de Furnes que les Allemands ont assez violemment bombardée hier, mais sur laquelle ils se sont contentés aujourd'hui d'envoyer quelques Taubes. Des troupes belges et françaises étaient massées sur la pittoresque place de l'Hôtel-de-Ville. Le Roi et le Président les ont passées en revue aux accents de la *Marseillaise* et de la *Brabançonne*. Le Roi a eu ensuite un long et affectueux entretien avec le Président, le ministre et le général Joffre. Il a voulu reconduire M. Poincaré dans son auto pendant plusieurs kilomètres, et en se séparant de lui, il lui a renouvelé l'assurance de son inaltérable amitié pour la France.

Le Président et M. Millerand ont passé l'après-midi en Belgique au milieu des troupes françaises qui opèrent dans la région d'Ypres et qui font preuve d'une bonne humeur, d'une endurance et d'un courage admirables.

— Un train blindé a mis en déroute 10.000 Allemands en Belgique. — Le *Petit Journal* du 3 novembre publie le récit suivant :

Nous avons appris ici un exploit qui vient s'ajouter à la chaîne des succès qui repousseront lentement mais sûrement l'ennemi. Cette semaine, une très considérable force allemande fut complètement mise en déroute par un train blindé. Une escarmouche se déroulait entre un régiment anglais et environ une demi-division allemande, escarmouche qui prit rapidement le développement d'une bataille de quelque conséquence. La ligne de l'ennemi avait été portée en avant et quoique aucun des deux adversaires ne fût exactement fixé sur la situation de l'autre, l'issue d'une action à ce point et à ce moment était de la plus haute importance.

La lutte était effroyablement disproportionnée ; nos troupes, malgré une énorme inégalité, montraient leurs qualités ordinaires et le combat continua ainsi pendant plus d'une heure. Quoique l'ennemi fût capable, en raison de son écrasante supériorité numérique, de n'en faire qu'une bouchée, le régiment tenait rageusement, avec cette obstination, familière maintenant, aux Allemands qui en savent le prix.

La situation pourtant paraissait désespérée et devant des forces accablantes, nos soldats auraient pu se retirer, mais ils tinrent bon et firent d'immenses ravages parmi les rangs qui s'avançaient sur eux.

La fin arriva, la fin pour l'ennemi. Rapide comme l'éclair et foudroyant comme lui, un train blindé remonta la ligne occupée par nos hommes. Couvert de son armure bigarrée de bleu, de brun et de jaune, qui rend nos croiseurs terrestres invisibles, il tomba dans le plein de la bataille, avant que l'ennemi eût seulement pressenti le danger.

Enfin, la vengeance arriva. A droite et à gauche, les mitrailleuses vomirent la mort, la destruction, le néant. Les rangs pressés de l'ennemi tombaient littéralement fauchés. Le train poursuivait sa marche, abattant par longues files les assaillants impuissants. Quand il s'arrêta, sa besogne était faite. En une douzaine de minutes, le train blindé avait balayé 10.000 Allemands, et amplement vengé le mal que les sous-marins allemands avaient pu faire à notre flotte. — (*Daily Mail.*)

Dépêches officielles

Premier Communiqué

A notre aile gauche, l'ennemi paraît avoir abandonné complètement la rive gauche de l'Yser, en aval de Dixmude, et les reconnaissances des troupes alliées poussées sur les chaussées dans les régions inondées ont réoccupé les passages de l'Yser sans grandes difficultés.

Au sud de Dixmude et vers Gheluvelt, notre avance a été particulièrement sensible.

Dans la région au nord de la Lys, malgré les attaques prononcées par les Allemands avec des effectifs considérables, notre front a été partout maintenu ou rétabli en fin de journée.

De nouvelles attaques allemandes contre les faubourgs d'Arras, contre Lihons et le Quesnoy-en-Santerre ont échoué.

Au centre, dans la région de l'Aisne, à l'est de la forêt de Laigle, nous avons marqué quelques progrès. A l'est de Vailly, aux dernières nouvelles, celles de nos forces qui se trouvaient accrochées aux pentes des plateaux au nord des villages de Chavonne et de Soupir ont dû se replier sur la vallée plus à l'est. Nous avons maintenu nos positions en amont de Bourg-et-Comin, sur la rive droite de la rivière.

Violente canonnade au cours de la journée entre Reims et la Meuse, ainsi que sur les Hauts-de-Meuse. De nouveaux efforts des Allemands dans la forêt de l'Argonne ont été enrayés. Nous avons continué à progresser au nord-ouest de Pont-à-Mousson.

A notre aile droite, quelques actions de détail favorables à nos armes le long de la Seille.

Deuxième Communiqué

Les seuls renseignements reçus ce soir concernent la région au nord-est de Vailly, où nous avons contre-attaqué et repris la ferme de Metz, et la région du Four-de-Paris Saint-Hubert (dans l'Argonne) où une attaque allemande a été repoussée et où nous avons également gagné du terrain.

Renseignements géographiques. — Chavonne est à 18 kilomètres à l'est de Soissons, Soupir à 2 kilomètres à l'est de Chavonne et Bourg-et-Comin à 5 kilomètres à l'est de Soupir; ces trois villes se trouvent sur l'Aisne.

4 NOVEMBRE 1914

Le cuirassé allemand « Yorck » coule à pic dans la mer du Nord, après avoir heurté une mine. — Avance de l'armée française sur Andechy (région de Roye). — Prise de Mlava (Prusse orientale) par les Russes.

Situation des armées sur le front occidental

— Les opérations sur l'Yser passent maintenant au second plan, les Allemands y ont perdu, paraît-il, 20.000 morts et une quantité considérable de blessés. La bataille autour de Ypres bat son plein, nous tenons solidement ; les fluctuations signalées sur la ligne le montrent suffisamment et les Allemands attendent Guillaume II pour tenter un nouvel effort. Les journaux du Nord et du Pas-de-Calais assurent que l'empereur se trouvait la semaine dernière aux environs d'Arras, attendant l'occasion d'entrer dans la ville contre laquelle avait lieu une violente attaque. Il a vu ses troupes décimées et repoussées par les alliés, il y a tout lieu d'espérer qu'il en sera de même dans la région d'Ypres.

Nous résistons bien sur l'Aisne et en Argonne où ont lieu chaque jour des attaques furieuses de l'ennemi et nous progressons en Woëvre dans la région de Thiaucourt. Plus près de la frontière allemande, nous avons réoccupé Nomény.

F. B.

Nouvelles diverses publiées par les journaux

— L'amirauté anglaise fait connaître que le 3 novembre au matin une flottille allemande a ouvert le feu sur le garde-côte *Alcyon*, à hauteur de Yarmouth ; la flotte anglaise se mit à la poursuite des navires allemands, mais ceux-ci se retirèrent; le sous-marin anglais *D-5* a été coulé par une mine.

— Un télégramme de Santiago du Chili annonce que les trois croiseurs allemands *Scharnhorst, Gneisenau* et *Nürnberg* viennent de quitter Valparaiso après avoir renouvelé leurs provisions.

— Une dépêche de Cettigne parvenue à Rome annonce que 2.000 Albanais, conduits par des officiers autrichiens, ont envahi le territoire monténégrin à Jakowa. Le général monténégrin Voyoicles les a laissé pénétrer dans un défilé où ils ont presque tous été massacrés. Le bombardement intense de Cattaro continue, les autorités ont quitté la ville emportant les archives et le trésor ; elles se sont réfugiées à Raguse.

— Les hostilités entre la Turquie et les puissances de la Triple-Entente sont commencées sans déclaration de guerre. L'artillerie du *Gœben* aurait, paraît-il, lancé 116 bombes sur Sébastopol, s'efforçant de détruire le tunnel ; une des batteries de la ville répondit au *Gœben*, le croiseur vira de bord et quelques instants après la station de télégraphie sans fil interceptait un message du croiseur disant : « Je suis endommagé et obligé de rentrer à Constantinople. »

En outre, des escarmouches entre troupes russes et turques ont été signalées hier sur divers points. L'armée russe a franchi la frontière turque à Erzerum.

— M. Viviani, président du conseil, a fait connaître à ses collègues que le 3 novembre, à 5 heures du matin, l'escadre anglo-française a fait une démonstration sur les forts turcs des Dardanelles ; aucun navire n'a été atteint mais on a entendu de fortes détonations dans l'un des forts.

L'ambassadeur de Turquie a quitté Bordeaux aujourd'hui 4 novembre.

— La garde prussienne rejetée sur la forêt d'Houthulst. — L'ordre était donné, le 26, aux troupes françaises occupant Ypres de traverser le canal de Furnes et de se porter sur la route de Pœlcapelle. Ce mouvement avait pour but d'inquiéter la gauche des forces allemandes aux prises, le même jour, avec l'armée belge sur l'Yser.

Nos colonnes sortent d'Ypres par le faubourg du Nord. Nous arrivons devant le canal. Ce n'est point une mince affaire que de traverser à cet endroit. Les écluses ont dû être fermées vers Dixmude et l'eau a monté, couvrant les prairies de la rive à plus de 100 mètres de chaque côté. Une odeur pestilentielle se dégage de l'eau immobile où flottent des cadavres en putréfaction. Le bruit du canon nous arrive distinctement, apporté par le vent d'ouest. Le grondement n'a pas cessé de toute la nuit. Ça doit rudement chauffer à notre gauche, sur l'Yser.

Le départ. — Un avion français atterrit devant nous. Il vient de survoler la route de Pœlcapelle. Il paraît qu'elle est libre. Mais des masses ennemies sont campées sur le ruisseau de Bischoote, en avant de la forêt d'Houthulst. Le pont de bateaux est prêt. Nous nous y engageons.

Le soleil se montre, un peu pâle, mais jetant une note gaie sur le spectacle. Toutes les armes sont représentées ce matin. Pourtant, vues d'un peu loin, toutes les teintes se confondent, tellement la boue et la pluie ont décoloré les uniformes, leur donnant à tous une couleur neutre qui s'harmonise avec les bois déjà grisâtres et l'herbe jaunie par les premières gelées. Le soleil a mis du miroitement sur le canal et de la gaieté dans les rangs. Des appels se font entendre, des quolibets aussi, on plaisante sur les camarades, sur soi-même, sur la mort aussi. Un loustic se bouche le nez en désignant les corps flottant sur l'eau.

Premiers engagements. — Nous prenons pied sur l'autre bord. En avant ! Des avions éclairent notre marche. Le ronflement des moteurs passe au-dessus de nos têtes, faisant vibrer l'air. Une bande de canards sauvages, effrayée

par le bruit, s'élève d'un marais. Et de la gauche, le grondement d'un canon nous arrive de plus en plus fort. Nos
pelotons de cavalerie fouillent la campagne à droite et à
gauche de la route. Nous traversons des petits villages qui
ne sont plus que ruines : Vietje a été brûlé ; à Saint-Julien,
une seule maison est encore debout, le toit crevé par un
obus. A Kersselaer, nous croisons une troupe de fuyards
belges ; ils font peine à voir, les malheureux! Des femmes,
dont les jupes traînent dans la bouc, des vieillards, des
petits enfants qu'on pousse dans une voiture. Les pauvres
gens arrivent de Roulers. Les Allemands ont massacré
500 personnes là-bas, disent-ils. Ils se sont enfuis à grand
peine, franchissant 15 kilomètres à pied la nuit. Ils sont
affamés. Nous leur donnons du pain. Nous sommes en vue
de Pœlcapelle à 11 heures. Halte ! Nos têtes de colonne
s'arrêtent. Un peloton de dragons file au galop en avant.
Des coups de feu crépitent. C'est l'ennemi.

Nous obliquons sur la gauche, nous formant en ligne de
bataille. Deux batteries de 75 prennent position. Le ronflement commence. Une brigade de la garde prussienne est
là, à 2 kilomètres de nous, tapie dans le lit même du ruisseau. Une tranchée où l'eau, entre parenthèses, doit leur
monter jusqu'aux genoux. Nous voyons nettement nos
shrapnells éclater au-dessus de la rangée d'arbustes qui
bordent les rives. Mais voilà leur artillerie qui riposte. Les
obus volent au-dessus de nos têtes. L'un d'eux tombe à
quelques pas d'une compagnie. Ça pourrait devenir dan-
gereux. Nous étendons encore nos lignes. Nous recevons
l'ordre de nous coucher dans l'herbe, mouillée de rosée.
Mais que faire ? Nous nous couchons.

Charge à la baïonnette. — Le duel d'artillerie continue
un quart d'heure, terrible. Soudain une des batteries allemandes se tait. Elle est démontée. Le clairon sonne. Nous
nous levons. Deux kilomètres à franchir. En avant ! Les
balles sifflent. Nous avançons quand même, les yeux fixés
sur la ligne d'arbustes qui marque le cours du ruisseau.

Encore 300 mètres, encore 200... Nous apercevons distinctement les canons des fusils ennemis. Des Sénégalais nous précèdent. Ils poussent des cris furieux. Nous les suivons. Ils bondissent en hurlant et soudain toute leur troupe disparaît, comme engloutie sous terre. Nous autres, nous sommes sur le bord de la petite rivière. Nos tirailleurs ont sauté dans le lit du ruisseau. Là étaient dissimulés, en rangs serrés, les Prussiens de la garde. A notre tour, nous entrons dans l'eau. Devant et derrière, un mur de terre, de deux mètres. De l'eau jusqu'au ventre et là-dedans une masse grouillante d'hommes hurlant, des baïonnettes rouges, des cris désespérés, des commandants teutons qui veulent dominer le tumulte. C'est une lutte effroyable, Nos tirailleurs poussent des hou ! formidables en jouant de la baïonnette, des hou ! comme ceux du bûcheron qui abat un arbre. L'eau est rouge, on bute sur des cadavres. Tout homme qui tombe est un homme mort, car la noyade l'attend.

Après le corps à corps. — Ce corps à corps affreux dure dix minutes, un siècle ! Nos capotes, nos képis sont trempés d'eau, de sang. Mais nous avons l'avantage. Les ennemis qui ont échappé à nos tirailleurs regrimpent le talus opposé. Un soldat, la baïonnette brisée, fait un moulinet effroyable, tenant son fusil par le canon. Un lignard assomme un officier prussien à coups de crosse. Un Sénégalais tient un ennemi et lui coupe la gorge d'un coup de coutelas. De la brigade allemande, il ne reste plus grand chose. Des soldats en déroute s'enfuient vers les bois d'Houthulst. Des dragons ramènent vers nous quatre canons prussiens intacts, avec chevaux et caissons. Le clairon sonne le rassemblement. Péniblement, nous quittons le lit du ruisseau, remontant le bord escarpé. La petite rivière est pleine de cadavres. Au loin, un peloton de cavalerie galope, chargeant les fuyards ennemis.

Nous nous comptons. On fait l'appel, Des hommes, calmes comme si de rien était, ramassent du bois, font du feu. Il est midi. C'est l'heure de la soupe. Nous avons bien travaillé. — (De la *Petite Gironde*.)

Dépêches officielles

Premier Communiqué

A notre aile gauche, au nord, la situation ne s'est pas modifiée depuis hier. L'ennemi s'est replié sur la rive droite de l'Yser. Nous avons repris Lombaertzyde. Les Allemands ne tiennent plus sur la rive gauche de l'Yser qu'une tête de pont à mi-chemin entre Dixmude et Nieuport. Ils ont abandonné outre des prisonniers, des blessés, un nombreux matériel, dont des pièces d'artillerie enlisées.

Entre Dixmude et la Lys, l'action a continué avec des alternatives d'avance et de recul, mais dans l'ensemble les forces alliées ont sensiblement progressé.

Entre la Lys et la région d'Arras, canonnades et actions de détail.

Entre la région d'Arras et l'Oise, nous avons avancé à l'est du Quesnoy-en-Santerre jusqu'à la hauteur de Parvillers.

Au centre, l'attaque allemande qui s'était développée sur la rive droite de l'Aisne, dans la région de Vailly, et nous avait fait perdre les premières pentes au nord de Vailly et de Chavonne n'a pas continué dans la journée d'hier ; une contre-attaque de nos forces nous a rendu une partie du terrain perdu.

Violente canonnade et vives attaques allemandes repoussées sur les hauteurs du Chemin-des-Dames et autour de Reims.

Aucun événement important entre Reims et la Meuse ni en Woëvre.

A notre aile droite, en Lorraine, rien de nouveau.

Russie. — En Prusse orientale, les Allemands passent à la défensive. Les Russes progressent sur certaines parties du front avec succès.

En Pologne, les troupes russes ont occupé sans résistance sérieuse Szadek, Lask et Rosprza. A l'ouest de Kielce, les Allemands se retirent sur Wloszcowa et Audreiew. Les Autrichiens, refoulés au sud-est de Kielce, ne tiennent plus qu'au nord de Sandomir. Sur le San inférieur, des combats favorables aux Russes sont engagés à Rozwadow et Nisko. Les Russes continuent à franchir la rivière.

Le quartier général allemand a été transporté à Czentochow, près de la frontière de Silésie.

Deuxième Communiqué

Aucune modification notable de la situation. Au nord, légers progrès vers Messines. Sur plusieurs points du front violentes canonnades sans grand résultat, notamment à l'ouest de Lens, entre la Somme et l'Ancre, dans l'Argonne et dans la forêt d'Apremont.

---

5 NOVEMBRE 1914

Reprise de Sapigneul, près de Berry-au-Bac, par les Français. — Violente attaque allemande repoussée au nord d'Arras. — L'Angleterre déclare la guerre à la Turquie. — Combat naval favorable aux Allemands sur les côtes du Chili; deux croiseurs anglais détruits.

Situation des armées sur le front occidental

— On signale aujourd'hui des actions très violentes sur divers points différents de l'immense front de bataille. A l'aile gauche les armées alliées attaquent vigoureusement Roulers ; les Allemands ont envoyé la garnison de Gand pour renforcer leurs lignes. De Dixmude à la Somme, la lutte est circonscrite dans un duel d'artillerie. Une recrudescence d'activité de l'ennemi se manifeste depuis quelques jours vers le Quesnoy-en-Santerre ; nous avons avancé jusqu'à Andechy et à l'ouest de Reims vers Vailly, où nous avons réoccupé une partie du terrain perdu, malgré les violentes attaques allemandes. Malgré cette diversion sur la ligne de l'Oise à la Moselle, les regards sont toujours tournés vers le Nord où 500.000 Allemands essaient en vain depuis plusieurs jours de percer nos lignes. Le général Joffre aurait, paraît-il, affirmé au roi Albert, à Furnes, que « dans l'attente du triomphe final, les armées alliées ne laisseront pas toucher par l'ennemi la petite partie du royaume belge qui reste encore libre ».

— Des bruits sensationnels circulent depuis quelques jours au sujet de hautes personnalités allemandes. D'abord au sujet du Kronprinz. Un télégramme de Berne annonçait il y a peu de jours qu'il était dangereusement blessé et soigné à Strasbourg, puis un correspondant du *Daily Telegraph* annonçait de Varsovie qu'un très haut personnage de la famille des Hohenzollern avait été tué au cours d'un récent combat, puis enfin le *Daily Mail* déclare qu'un lieutenant allemand écrivant à sa fiancée à New-York lui a raconté les obsèques du Kronprinz auxquelles assistait une foule énorme.

Enfin au sujet de Von Kluck. Un télégramme de l'agence Fournier annonce que le général Von Kluck, chef de la principale armée allemande, vient d'être assassiné. Un journal annonce que Von Kluck est mort à l'hôpital de Namur, où il avait été transporté à la suite d'une blessure à la tête.

Qu'y a-t-il de vrai dans ces deux nouvelles sensationnelles, nous le saurons assurément dans quelques jours, mais ce qu'il y a de certain c'est que ces deux personnages importants paraissent avoir disparu de la lutte depuis un certain temps.

F. B.

Nouvelles diverses publiées par les journaux

— Le général de division belge Meiser vient d'être promu commandeur de la Légion d'honneur par le gouvernement français pour sa belle conduite dans les combats livrés autour de Dixmude.

— Selon une dépêche officielle de M. Flechter, ministre des Etats-Unis au Chili, un engagement aurait eu lieu entre des croiseurs allemands et anglais ; le croiseur anglais *Moumouth* aurait été coulé et le *Glasgow* avarié, puis interné à Valparaiso.

— Un télégramme officiel de Berlin reçu à Amsterdam dit que le 4 novembre le cuirassé allemand *Yorck* a heurté une chaîne de mines à l'entrée de la baie de Jade et a coulé à pic.

Les Anglais prétendent que ce cuirassé a été coulé par un de leurs sous-marins.

— On télégraphie de Tokio que le croiseur allemand *Kaiserin-Elisabeth* s'est fait volontairement sauter en rade de Tsing-Tao.

— En Turquie, le bombardement des Dardanelles continue ; la flotte anglo-française est divisée en trois escadres qui poussent activement le bombardement ; les forts de Kum-Kalen et de Sedil-Barrach ont été fortement endommagés. Sur terre, l'armée russe du Caucase a pris une vigoureuse offensive, elle s'est emparée de Alikilissé, Khorrossan et du col de Karaderben. Une colonne russe a écrasé les Turcs à Diadine et a pris une grande quantité d'armes et de munitions.

— En Prusse orientale, il se livre de nombreux combats favorables aux Russes. En Pologne, la retraite allemande continue dans des conditions désastreuses pour l'armée allemande.

Le siège de Przemysl est activement mené et la reddition de la place est imminente. La garnison ayant tenté une sortie, 4.000 hommes ont été faits prisonniers.

L'état-major général russe déclare que *l'état-major* du général allemand Von Hindenburg, avec les princes saxons et prussiens qui en font partie, ont été faits prisonniers et sont internés à Czenstochowa depuis le 26 octobre.

— Un télégramme de Rome au *Petit Journal* dit que, dans les milieux politiques de la Chambre italienne la décision de la Turquie n'était pas imprévue, mais la participation turque aux hostilités représente un fait nouveau dont les conséquences pourraient être très importantes.

— Détails rétrospectifs sur les opérations militaires qui se sont déroulées autour de Nancy dès le début de la guerre.

Notre marche sur Sarrebourg. — Les Allemands de l'armée de Metz s'avancèrent sur Nancy par deux routes, à savoir Pont-à-Mousson au nord, Château-Salins au nord-est ; en même temps, ils marchaient sur Cirey, à l'est, et Saint-Dié au sud-est.

Le 4 août, les troupes françaises, qui avaient été maintenues à plusieurs kilomètres de la frontière, commencèrent leur mouvement en avant, marchant sur Sarrebourg, en occupant un front qui s'étendait de Château-Salins à Cirey.

La marche générale des troupes françaises se poursuivait avec succès sur toute la ligne frontière de Pagny-sur-Moselle, près de Metz, jusqu'à Belfort au sud. A l'extrémité septentrionale de cette ligne, les Allemands prenaient l'offensive, et Pagny et Pont-à-Mousson étaient bombardés les 13, 14 et 15 août par les canons. Au sud de Cirey, les Français, après de violents combats, occupaient le 10 août les cols du Bonhomme et de Sainte-Marie-aux-Mines, et un peu plus bas franchissaient la chaîne des Vosges et pénétraient en Alsace.

Donc, huit ou dix jours après la déclaration de guerre, les Français étaient en train d'exécuter deux mouvements offensifs en territoire allemand : l'un par le nord, l'autre par le sud et tenaient le centre des Vosges entre les deux points d'attaque, tandis que les Allemands occupaient la partie supérieure des Vosges et se livraient, de leur côté, à deux mouvements offensifs de moindre envergure sur chacune des ailes de l'armée française d'invasion, à Pont-à-Mousson et à Cirey respectivement.

La première modification dans la disposition des armées en présence se produisit à Cirey, où les forces allemandes qui avaient occupé Cirey, Baccarat et Badonviller durent se replier sur Strasbourg. Mais jusqu'au 30 août, la situation ne subit aucun changement notable. Ce jour-là, l'offensive victorieuse des Français sur Sarrebourg fut enrayée devant le grand camp militaire de Morhange, où les troupes françaises se trouvèrent en présence de forces bien supérieures en nombre.

L'armée du général de Castelnau dut se replier en bon ordre et ce fut pour occuper une ligne solide, au-delà de laquelle les Allemands, malgré tous leurs efforts, n'ont jamais pu pénétrer.

Après notre échec sur Morhange, l'attaque allemande s'effectua de deux seules directions : de Lunéville et de Champenoux.

Toutes les pièces de l'échiquier allemand se trouvaient rassemblées dans un coin. Lunéville avait été sacrifié par les Français, comme on sacrifie une tour pour sauver une reine, et Nancy, la reine de la Lorraine, était serrée de près.

Mais, pendant tout le cours des opérations, les généraux Pau et de Castelnau avaient continuellement eu la situation bien en main et à l'issue de cette première phase de la lutte, 11.000 cadavres allemands gisaient dans les champs et les forêts situés autour de Lunéville et 20.000 entre Nancy et Champenoux.

L'affaire d'Amance. — Vient ensuite le récit des combats dont le Grand-Couronné fut le théâtre pendant quinze jours, combats dont certains furent extrêmement sanglants et qui furent marqués par des alternatives d'avance et de recul : Haraucourt, Rosières, Dombasle, etc. Enfin vint l'assaut dirigé par les Allemands contre le plateau d'Amance. Cette position fut l'objet de deux tentatives de la part des Allemands : la première dirigée dans la direction du sud, la seconde du nord. Pendant une semaine entière, le plateau fut soumis, jour et nuit, à une canonnade incessante.

Le 30 et le 31, se produisit une accalmie.

Le 8 septembre, le Kaiser voulant briser définitivement la résistance des Français, donna l'ordre à ses troupes, et notamment aux cuirassiers blancs de la garde, d'enlever la position d'assaut.

Le choc fut formidable. Nos troupes à la baïonnette et nos 75 firent un épouvantable carnage.

Des milliers et des milliers de cadavres allemands couvraient le sol, et dans la soirée du 9 l'ennemi demanda un armistice de quatre heures pour pouvoir enterrer ses morts. On dit qu'il profita de cet armistice pour mettre en position, à la faveur d'un violent orage, de grosses pièces avec lesquelles il bombarda Nancy.

Le jour suivant, les troupes françaises prenaient définitivement l'offensive et bombardaient les bois de Champenoux dans lesquels l'ennemi s'était réfugié. A 11 heures du matin, il n'y restait plus que les cadavres et les blessés qu'il n'avait pu enlever.

Le trou de la mort. — De son côté, l'armée de Metz, qui avait quitté Pont-à-Mousson le 22 août pour attaquer le plateau d'Amance de la direction de l'est s'était dirigée sur Sainte-Geneviève, dont l'occupation était indispensable au succès de l'opération. Elle comptait s'emparer du village sans coup férir, mais gênés dans leur marche par les réseaux de fils de fer barbelés disposés par les Français autour du village, les Allemands jugèrent prudent de préparer leur attaque au moyen de leur artillerie lourde et de campagne. Dans un espace de 75 heures, ils lancèrent 4.000 obus sur Sainte-Geneviève, en pure perte d'ailleurs. Nos batteries étaient parfaitement dissimulées et, à 300 mètres seulement, elles ouvrirent un feu très meurtrier sur les Allemands, lesquels, trompés par notre silence, s'avançaient en colonnes compactes.

L'infanterie, dans le même moment, faisait des feux de salve et, en quelques instants, 4.000 Allemands jonchaient le sol.

L'ennemi, démoralisé, vint se replier sur Atton où, en arrivant, ils baptisèrent Sainte-Geneviève le trou de la mort.

Dépêches officielles

Premier Communiqué

A notre aile gauche, les forces alliées ont progressé légèrement à l'est de Nieuport, sur la rive droite de l'Yser.

De Dixmude à la Lys, les attaques des Allemands se sont renouvelées hier, mais sur nombre de points avec une moindre énergie, surtout en ce qui concerne l'action de l'infanterie. Les lignes franco-britanniques n'ont reculé nulle part et nos troupes passant à l'offensive ont notablement progressé dans plusieurs directions.

Entre la région de la Bassée et la Somme, la journée a été surtout marquée par une lutte d'artillerie.

Dans la région de Roye, nous avons maintenu l'occupation du Quesnoy-en-Santerre et avancé sensiblement vers Andechy.

Au centre, entre l'Oise et la Moselle, à signaler une recrudescence de l'activité des Allemands, manifestée surtout par le feu de l'artillerie.

Des attaques ennemies sur divers points de notre front

ont été en fin de compte repoussées, parfois après un combat qui a duré toute la journée.

A notre aile droite, rien de nouveau.

Deuxième Communiqué

Aucun renseignement nouveau sur les opérations au nord de la Lys.

Violente offensive allemande au nord d'Arras, où quelques tranchées d'abord perdues ont été reprises.

Dans l'Argonne (région de Saint-Hubert), toutes les attaques allemandes ont été repoussées.

Sur le reste du front, rien à signaler.

6 NOVEMBRE 1914

A Dixmude, les fusiliers marins français repoussent une attaque allemande. — La France déclare la guerre à la Turquie. — La Belgique remet ses passeports au ministre de Turquie. — Un convoi allemand est détruit par l'artillerie à Nampcel.

Situation des armées sur le front occidental

— Quoique nos troupes soient en contact sur tout le front avec les armées allemandes et que des combats se livrent journellement dans les différentes régions, c'est toujours vers le Nord que les regards sont tournés, car c'est en Belgique et dans le Nord de la France que se joue la grosse partie à laquelle Allemands et alliés attachent une importance capitale. Hier, l'effort principal des Allemands s'est porté sur Roulers, entre Ypres et Gand, mais ils n'ont pas pu entamer les troupes alliées, le bruit a même couru que les Allemands avaient été rejetés sur Bruges. Une offensive vigoureuse des Allemands a été poussée au nord d'Arras, mais les troupes franco-anglaises, après avoir reculé sous la violence de l'attaque et perdu quelques tranchées, ont pris l'offensive à leur tour et ont rejeté les assaillants en leur faisant subir des pertes considérables.

F. B.

Nouvelles diverses publiées par les journaux

— En raison des progrès des troupes alliées dans le nord de la Belgique, le quartier général allemand a été transporté de Thielt à Gand. Les Anglais ont, paraît-il, réussi à faire sauter la voie ferrée reliant Gand à Bruges.

— Le Président de la République est arrivé à Bordeaux aujourd'hui 6 novembre, à 9 h. 10 du matin ; un conseil des ministres a été tenu sous sa présidence. M. Delcassé a donné connaissance d'un télégramme annonçant la victoire complète de l'armée russe sur les armées austro-allemandes.

— Il paraît que le haut commandement allemand est ainsi réparti dans la Pologne : le général von Hindenburg commande l'aile gauche, le Kronprinz le centre et le général Danki la droite. Il semblerait résulter de ce renseignement que la mort du Kronprinz, annoncée hier par divers journaux, serait inexacte. De même, le blessé mystérieux de Strasbourg serait le duc de Brunswick, gendre du Kaiser.

— On annonce que la flotte allemande, forte de quatre cuirassés d'escadre et quatre croiseurs, aurait quitté Kiel pour la haute mer ; s'il en est ainsi, nous pouvons nous attendre sous peu à un combat naval.

— Les journaux de Londres du 5 novembre publient une édition spéciale pour annoncer la déclaration officielle de guerre de l'Angleterre à la Turquie et l'annexion de l'île de Chypre.

De son côté, le gouvernement français a fait connaître, le même jour, qu'en raison des attaques injustifiées d'un bateau de commerce français par les navires turcs commandés par des officiers allemands et par suite du refus du gouvernement ottoman du renvoi des missions militaires et navales allemandes, l'état de guerre existait entre la France et la Turquie.

— Le Président de la République, retour du front des armées, a adressé au Ministre de la guerre la lettre ci-après :

« Paris, le 5 novembre.

« Mon cher Ministre,

« Après une longue série de violents combats, nos armées et les troupes alliées ont réussi à repousser les attaques désespérées de l'ennemi. Elles ont fait preuve dans cette nouvelle phase de la guerre de qualités aussi admirables que dans la victorieuse bataille de la Marne.

« A mesure que se développent les hostilités, le soldat français, sans rien perdre de son ardeur et de sa bravoure, acquiert plus d'expérience et adapte mieux ses vertus naturelles aux exigences des opérations militaires. Il conserve une incomparable force d'offensive et s'accoutume en même temps à la patience et à la ténacité.

« Sous le feu de l'ennemi, il s'établit entre les chefs et les hommes une intimité confiante qui, loin d'altérer la discipline, l'ennoblit encore par la confiance éclairée de la solidarité dans le dévouement et dans le sacrifice.

« Chaque fois qu'on revient au milieu des troupes, on est émerveillé par cette abolition totale de l'intérêt personnel, par ce glorieux anonymat du courage, par la grandeur de cette âme collective où se fondent tous les espoirs de la race.

« Et lorsqu'à portée des projectiles, devant un horizon que les éclatements d'obus couvrent de fumée, on voit des paysans tranquilles pousser leur charrue et ensemencer leur sol, on comprend mieux encore combien sont impérissables sur notre vieille terre de France les provisions d'énergie et de vitalité.

« Je vous prie, mon cher Ministre, de vouloir bien transmettre mes nouvelles félicitations au général en chef, aux commandants d'armée, à tous les officiers, sous-officiers et soldats.

« Je les enveloppe tous dans une même admiration. L'armée est digne du pays comme le pays est digne de l'armée. La France est invincible parce qu'elle est sûre de son droit et qu'elle a foi dans son immortalité.

« Croyez, mon cher Ministre, à mes sentiments dévoués.

« Raymond POINCARÉ. »

Au général Joffre.

M. le Ministre de la guerre a transmis en ces termes au général Joffre la lettre de M. le Président de la République :

« Mon cher Général,

« J'éprouve une véritable joie à vous transmettre la lettre que je viens de recevoir de M. le Président de la République.

« En la communiquant à vos armées et à leurs chefs, je vous prie d'y joindre l'expression de mon admiration.

« Croyez, mon cher Général, à mes sentiments les meilleurs.

« A. MILLERAND. »

— UN BEL ASSAUT DES TROUPES FRANÇAISES. — Le combat du Quesnoy-en-Santerre-Lihons doit être considéré comme un des faits d'armes les plus remarquables accomplis par nos troupes.

De nombreux prisonniers, parmi lesquels se trouve un

officier âgé de 18 ans, fils du baron Vrangel, ancien ambassadeur, ont avoué les grosses pertes qu'ils avaient subies pendant cette journée mémorable.

Le combat a été, en effet, terrible et vivement mené. Les tranchées allemandes de première ligne ont été enlevées à la baïonnette, malgré une défense formidable de réseaux en fil de fer barbelé.

Entraînée par des officiers intrépides et bien secondée par l'artillerie, notre infanterie traversa au pas de charge, musique en tête, les lignes de mitrailleuses dont les servants furent massacrés.

Nos troupes, littéralement emballées, continuèrent la poursuite jusque dans les batteries allemandes, défilées et fortement retranchées dans un petit bois qui surmonte la colline.

Mais l'ennemi, ressaisi, pratiqua alors la contre-attaque et ce fut un combat de corps à corps d'une violence inouïe; les pertes furent nombreuses de part et d'autre, mais la victoire resta au parti français, qui s'empara de deux canons de campagne du calibre 77, de quatre mitrailleuses et fit 400 prisonniers.

Pour se venger de cet échec, les Allemands bombardèrent Rosières, qu'ils avaient jusqu'alors épargnée. Dans les journées d'hier et d'avant-hier, leur mitraille a criblé et démoli en grande partie les principales usines de cette petite ville industrielle sans défense.

Une grêle d'obus tomba en plein sur les bâtiments de l'usine de bonneterie Fixois-Minotte, qui continuait à fabriquer pour l'armée. Deux jeunes ouvrières furent tuées et neuf autres employés blessés, dont trois grièvement.

Tous les morts et les blessés relevés parmi les décombres et sous la mitraille par le fils du malheureux industriel, dont il faut louer la conduite courageuse, étaient recouverts de pierres et de poussière noire d'un mètre d'épaisseur !

Deux bouchers, surpris dans une rue par un obus, tombèrent foudroyés. Une fillette, qui jouait devant la demeure de ses parents, eut également un bras emporté par un éclat de ce même obus.

Tout un quartier de la ville offre le plus lamentable spectacle de destruction que l'on puisse imaginer : maisons déchiquetées et éventrées, toits effondrés, pans de murs encore debout et noircis par l'incendie, meubles brisés, enfouis sous la poussière, cheminées d'usines abattues.

Mais, en dépit du danger, une grande partie de la population n'a pas voulu s'en aller ; elle s'est réfugiée dans les caves pendant le bombardement. Dans les moments d'accalmie, chacun sort de sa cachette pour s'employer au sauvetage de ce qui reste. On peut affirmer que les habitants de Rosières ne se décideront à quitter cet enfer que lorsqu'ils n'auront plus d'abri ou qu'ils seront contraints d'obéir à des ordres supérieurs.

Détail à noter : la plupart des prisonniers allemands pris dans les tranchées du Quesnoy-en-Santerre sont atteints de la gale ; ils sont, en outre, d'une saleté repoussante.

Le 4 novembre, un Taube a survolé la région d'Amiens, mais se voyant poursuivi par un avion français, il refusa le combat et fit prestement demi-tour. Dans sa fuite, il se débarrassa d'une bombe au-dessus d'Harbonnières, petit village situé à 6 kilomètres de Rosières.

L'engin tomba sur l'école de garçons transformée en ambulance, but que recherchait sans nul doute le pilote ennemi, malgré le drapeau de la Croix-Rouge qui flottait sur les bâtiments.

Une explosion formidable ébranla le petit village, toutes les vitres se brisèrent ; l'une des classes de l'école n'est plus qu'un amas de décombres ; deux autres furent sérieusement endommagées. — (Du *Petit Journal.*)

Dépêches officielles
Premier Communiqué

Pas de modificaton sensible au cours de la journée d'hier sur l'ensemble du front.

L'action a continué avec le même caractère que précédemment entre Dixmude et la Lys sans avance ni recul marqués sur aucun point.

Violentes canonnades au nord d'Arras et sur cette ville sans résultat pour l'ennemi.

L'effort allemand en Belgique et dans le nord de la France se prolonge. Les Allemands semblent procéder à des modifications dans la composition de leurs forces qui opèrent dans cette région et renforcer leurs corps de réserve de nouvelle formation très durement éprouvés, par des troupes actives, pour tenter une nouvelle offensive ou tout au moins pallier les sanglants échecs qui leur ont été infligés.

Entre la Somme et l'Oise, entre l'Oise et la Meuse, actions de détail. Nous avons consolidé notre avance sur le village d'Andechy, à l'ouest de Roye.

Une colonne de voitures allemandes a été détruite par le feu de notre artillerie à longue portée dans la région de Nampcel, au nord-est de la forêt de Laigle.

Près de Berry-au-Bac, nous avons repris le village de Sapigneul, dont les Allemands s'étaient emparés.

Lutte acharnée dans l'Argonne, où par des actions à la baïonnette, nos troupes ont refoulé les Allemands.

En Woëvre de nouvelles attaques ennemies ont été repoussées. Au nord-est et à l'est du Grand-Couronné de Nancy, dans la région de la forêt de Parroy et entre Baccarat et Blamont, nos avant-postes ont été attaqués par des détachements mixtes, dont les mouvements ont été partout enrayés.

Russie. — On annonce officiellement une grande victoire russe en Galicie.

Deuxième Communiqué

Dans le nord, la bataille est toujours aussi violente. Notre offensive, aux dernières nouvelles, continuait dans la région est et sud d'Ypres.

Dans la région d'Arras et depuis Arras jusqu'à l'Oise, plusieurs attaques allemandes ont été repoussées.

Dans la région de l'Aisne, nous avons repris, au nord-est de Vailly, le village de Soupir perdu l'autre jour.

Dans l'Argonne, l'ennemi a continué à attaquer violemment sans résultat.

Sur les Hauts-de-Meuse et à l'est de Verdun, nous avons enlevé quelques tranchées.

Le grand-duc Nicolas, commandant en chef les armées russes, a adressé au général Joffre un télégramme pour lui annoncer la victoire des armées russes en Galicie, la plus importante qui ait été gagnée sur le théâtre oriental de la guerre depuis le commencement des hostilités.

Le grand-duc Nicolas exprime à notre généralissime sa confiance dans l'issue finale de la lutte.

Le général Joffre a répondu au grand-duc Nicolas pour lui adresser ses plus chaleureuses félicitations et lui exprimer également sa confiance dans le succès final.

7 NOVEMBRE 1914

Capitulation de Tsing-Tao (colonie allemande en Chine). — Prise de Saint-Rémi (Hauts-de-Meuse) par les Français. — Occupation de Fao, en Mésopotamie, par les troupes anglaises. — Les relations diplomatiques sont rompues entre la Serbie et la Turquie.

Situation des armées sur le front occidental

— Les communiqués d'aujourd'hui nous détaillent les opérations sur la totalité du front ; ils nous indiquent, d'une façon succincte il est vrai, mais enfin ils nous indiquent que sur l'ensemble de ce front des batailles d'une certaine importance ont été livrées sur tous les points et que partout nous avons résisté aux violentes attaques ennemies, que nous les avons repoussées, que nous avons progressé au sud de Dixmude, au sud-est d'Ypres, entre La Bassée et Arras, dans l'Argonne et au nord-est de Verdun.

Les nouvelles anglaises ne sont pas aussi modestes que les nôtres ; le correspondant du *Daily Mail* prétend que la marche des Allemands sur Calais a été un véritable désastre, que les pertes allemandes ont été terribles, qu'il a été nécessaire d'employer 4.000 hommes, avec des bêches, pour ensevelir les cadavres allemands, qu'on évalue à 37.000 le nombre des Allemands tués.

Comme rien ne permet de mettre en doute les affirmations anglaises et que tout semble au contraire les confirmer, on se demande si les Allemands oseront, au prix de tels sacrifices, tenter une nouvelle attaque. On pourrait le croire, si les nouvelles qui parviennent de Copenhague et d'Amsterdam ont été puisées à bonne source, puisqu'elles indiquent que 20.000 soldats ont passé le 6 novembre, à midi, à Hasselt, venant de Liége et se dirigeant sur Diest et Malines ; que, par ordre du Kaiser, l'armée allemande en Belgique et dans le nord de la France doit faire un nouvel effort sur Calais avant qu'ait lieu la grande bataille qui va se livrer en Pologne, près de la frontière silésienne et sur la rivière Wartha ; que cet effort doit se faire avec toutes les forces dont pourra disposer l'armée allemande, sans tenir compte des pertes qui pourront en résulter. Les armées alliées ont, paraît-il, pris toutes les dispositions utiles pour parer à une telle éventualité.

F. B.

Nouvelles diverses publiées par les journaux

— Différents télégrammes annoncent, d'abord la prise de la forteresse allemande de Tsing-Tao par les Japonais ; ensuite que la flotte japonaise donne la chasse à la flotte allemande qui, au large de la côte chilienne, a coulé deux croiseurs anglais.

— L'armée russe qui opère en Galicie s'est emparée de Jaroslaw et a fait 5.000 prisonniers. Les armées austro-allemandes se préparent à livrer une grande bataille sur la Wartha, car si les Russes pénètrent en Silésie ce sera un coup mortel pour les Allemands qui ont en cette région des mines immenses de charbon et des milliers de fabriques.

— PRISE DE MESSINES ET DE HOLLEBECQUE, INTERVENTION DES CIPAYES DE L'INDE. — Le 28, la prise de Bœsingue nous assurait la jonction du réseau de routes allant au nord et au nord-est d'Ypres. En outre, au point de vue stratégique, Bœsingue formait un point de concentration important pour parer à toutes éventualités de l'extrême aile droite de l'armée du duc de Wurtemberg. Si nos précautions étaient prises au nord-ouest d'Ypres, elles devaient l'être également au sud, car l'occupation de Menin et de Werwick par le 20ᵉ corps wurtembergeois nous menaçait dans nos opérations et dans nos mouvements.

Le 26 octobre, les Allemands ayant débouché de la Lys à Strooyboobock et à Hollebecque, et ayant occupé le village de Messines, s'apprêtaient à continuer leur mouvement en avant dans la direction de Zonnebecke.

Selon sa coutume, l'ennemi n'avait point manqué de consolider les points conquis par des tranchées et des murs de terre parallèles. De plus, ils avaient solidement fortifié les villages de Hollebecque et de Messines, rendant leur réoccupation très difficile. C'est grâce à nos superbes alliés, à un régiment de cipayes, récemment venu des Indes, et à un fort contingent de Marocains et aussi à deux bataillons d'infanterie coloniale — toujours en avant — que les villages de Hollebecque et de Messines purent être reconquis.

Donc le 29, nos grand'gardes campées à Verlorenhock et à Langhemarcq reçurent l'ordre de s'avancer dans la direction de Brood-Seynde. Quatre batteries d'artillerie, dont une lourde, nous suivaient et devaient être d'un précieux

secours, comme on le jugera par la suite. Après une marche
forcée de plus de trois heures, nos troupes s'arrêtèrent, les
hommes de communication ayant signalé que l'avant-garde
indiquait la présence de l'ennemi.

Après les froids de ces derniers jours, la température se
montrait plus clémente, la nuit était douce et le calme le
plus absolu régnait dans cette région — cependant occupée
des deux côtés par des milliers d'hommes en armes.

Un lieutenant de cipayes, qui avait participé à l'expé-
dition nocturne pour surveiller tout mouvement offensif
des Wurtembergeois à l'ouest de Hollebecque et était parti
en éclaireur avec quelques-uns de ses hommes, nous rap-
porta des renseignements intéressants sur les positions
ennemies.

Un bataillon de cipayes avait pu, à la faveur de la nuit,
ramper dans l'herbe humide et se faufiler jusqu'aux avant-
postes ennemis, à quelques cent mètres de Brood-Seynde.
Il nous indiqua également que ces cipayes avec leur redou-
table yatagan placé horizontalement dans leur mâchoire
massive, étaient prêts à sauter sur les avants-postes ennemis.

En attendant le signal, chacun se prépare. Les cœurs
battent à se rompre. Les goumiers et les tirailleurs marocains se trouvent disposés pour la bataille. Ils rient de ce
rire heureux qui montre leurs dents blanches, et se replient
derrière les goumiers qui majestueusement attendent que le
clairon sonne la charge.

Le combat est proche, tout semble l'indiquer. Brusque-
ment, au loin, nous entendons un vacarme indescriptible de
cris affreux.

Un vieillard trainant hâtivement une chèvre vient se
heurter contre nos avant-postes, et tout en pleurs, les yeux
hagards, nous apprend que les diables ayant sorti de sous
terre ont massacré tout un détachement prussien.

C'étaient les cipayes qui ayant reçu l'ordre d'attaquer les
avant-postes ennemis venaient d'égorger, par surprise, plusieurs sections allemandes.

TYPO-LITHO.
Gravure
TH. MARTIN
IMPRIMEUR
NIORT
(D.-S.)